産科医歴50年のプロフェッショナルが教える

最新版

妊娠・出産のホント

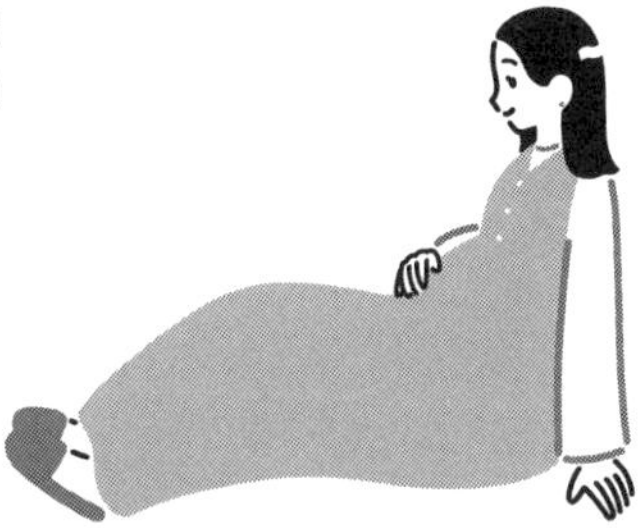

星ケ丘マタニティ病院理事長
近藤東臣

発行・日刊現代／発売・講談社

はじめに

生命の誕生。それはどれだけ科学が進歩しても、解明できない神秘的な領域です。そして、この厳粛で感動のドラマが順調に経過することは世のすべての親たちの切なる願いでもあります。

しかし、実際に自分のお腹の中に赤ちゃんが宿ったことがわかったときから、ほとんどの人がこれからの経過に対してさまざまな不安や疑問が湧いてくるのではないでしょうか。

期待の中にも生ずる不安や疑問を解消してくれるものがほしいのではないかと推測しますが、そのような人のお役に立つようにと今回筆を執りました。

はじめに

私が産婦人科医になって、50年以上が経ちます。星ケ丘マタニティ病院を開設したのは、1978年でした。当院での総分娩数は、2024年8月時点で3万9525人となりました。

これだけ数を重ねても、一度たりとも同じお産はなく、毎回、お産に立ち会うたびに、お母さんそして赤ちゃんの頑張る姿に胸を打たれるとともに、生命の誕生という神秘に感銘を受けずにはいられません。心動かされるシーンが多いですし、非常にやりがいのある仕事だと思っています。

私としては、**妊婦さんと赤ちゃんが安全かつ快適にお産を遂げられますように**との一心で、できる限りを尽くすばかりですが、お産はスムーズに進行するときばかりとは限りません。緊張感の走るようなシーンもこれまでたくさん経験しました。

過去も今もお産が神秘的であることに変わりはありませんが、妊娠の経過や出産の状況は、少しずつ様変わりしているようにも感じています。
産科医療の進化による安全性も大いにありますが、一方で、**出産年齢が上昇したことによる変化も大きい気がします。**母親の年齢が上がるほど、妊娠もお産も難易度が上がります。

昨今のさまざまな調査データでも、妊娠中に不安や負担を感じる妊婦さんは8割前後であるといった結果が出ています。昔の妊婦さんにも不安や負担はあったでしょうが、今は出産年齢の上昇に伴い、昔よりも悩みを持っている人は多いのではないでしょうか。インターネット社会の到来や女性の社会進出によって、悩みそのものの種類も増えている可能性が否めません。

本書は、現代の妊婦さんが抱きがちな疑問と悩みを解消すべく、妊娠と出産のホントについて記しました。

普段、私自身が妊婦さんから質問を受けることの多い事柄はもちろんのこと、

妊婦健診の場ではなかなか医師に聞きにくいようなことも扱ったつもりです。

「あれはダメ、これもダメ」と、世間では妊娠のご法度事項が、実にたくさん言われていますので、「本当に全部ダメなの？」と疑問に思っている人もいるでしょう。

その辺りも含めて、**「以前から変わらない普遍的なこと」**や**「医学における最新の情報」**、そして**「50年にわたる私自身の経験」**を踏まえて、詳しく紹介したいと思います。

おそらく、本書をひと通り読み切ると**「なんだ、意外にダメなものはそこまで多くなかった」**と安堵されるのではないかと思います。もちろん我慢すべきこともないわけではありませんが、医学的な見地からすると根拠のない情報も多く、「過度にならなければ問題なし」「普通の量や頻度であればいいでしょう」といったことも多々存在します。
必要以上に諦めたり制限したりせず、貴重な妊娠期を少しでも心穏やかに過ごしていただくのが一番いいと思います。

本書を全編通してお読みいただくと、妊娠・出産における疑問や不安の大部分が解消されるのではないかと思いますが、**疑問や不安が生じるたびに、辞書を引くような感覚でページをめくっていただくのも本書のより良い読み方**ではないかと考えています。

妊娠中、あるいは妊娠を考えている女性の皆さんの悩みや不安を少しでも解消できれば私の喜びに堪えません。

目次

はじめに……2

Chapter 1
妊娠のホント……13

自然妊娠の確率は？……14
体外受精だとダウン症のリスクが上がる？……19
卵子凍結すれば何歳でも子を授かれる？……25
一度流産したら次も流産になる？……28
子宮筋腫があるときは子どもを授かってはいけない？……32
コラム① 妊娠適齢期……36

Chapter 2

妊娠中の生活のホント……43

仰向け・右向き・左向き・うつ伏せどれで寝るのが良い？……44
職場への妊娠報告は妊娠中期に入ってから？……48
妊娠後期中に働くと早産になる？……52
パソコン使用時には電磁波防止エプロンを着けるべき？……55
妊娠初期はスポーツを一切してはいけない？……58
腹帯やさらし、マタニティガードは無意味？……62
歯磨きを怠ると早産になる？……65
妊娠したら抜歯はダメ？……67
便秘になったら浣腸を使うべき？……70
トイレでいきむと赤ちゃんが下がる？……73

切迫早産になったらお風呂に入れない？……76
咳をすると早産になる？……79
コラム② 月経周期と女性アスリート……81

Chapter 3

妊娠中の食のホント……87

葉酸はサプリと食べ物どちらで摂るべき？……88
貧血対策にはレバーが一番？……92
胎児が小さい、発育が悪いと言われたらごはんの量を増やすべき？……96
妊娠中に牛乳を飲み過ぎると赤ちゃんが牛乳アレルギー疾患になる？……102
遺伝子組み換え食品や食品添加物は胎児に悪影響？……105

マグロや青魚を食べると異常児になる？……108
コーヒーは絶対ＮＧ？　緑茶に変えるべき？……111
大豆製品や大豆イソフラボンのサプリメントは早産につながる？……113
妊娠糖尿病対策には糖質カットが一番？……115

Chapter 4
妊娠中の母体と胎児のホント……121

つわりなしは危険信号？……122
妊娠後期に入って胎動がなくなるのは異常？……125
逆子は逆立ちで治る？……128

むくんでいるときは飲み物の量を減らすべき？……134
太り過ぎると難産になる？……136
温泉に浸かると流産や早産になる？……138
里帰りのときは飛行機ではなく電車？……140
お腹が大きいと難産になる？……142
母親が病気のときは胎児も同じ病気にかかっている？……145

Chapter 5

出産のホント……151
公的病院と私的診療所はどっちが良い？……152
無痛分娩は危険？……154

これからは自宅分娩の時代？……159
予定日を過ぎても陣痛が来ないときは、散歩やストレッチをすべき？……163
お産が長引くと赤ちゃんが苦しい？……165
会陰切開が怖い！　切開せずに済む事前トレーニングはある？……167
やっぱり母乳じゃないといけないの？……171
高齢出産はデメリットしかないの？……175
コラム③　少子化対策は不十分……181

おわりに……188

Chapter 1

妊娠のホント

Q 自然妊娠の確率は？

A 健康かつ若い男女も一月経周期あたりたった7％

「健康な男女のカップルなら、いつでも妊娠できそう」、そう思っている人は、「自然妊娠の確率は70％ぐらいでは」と思っているかもしれませんね。「不妊治療を受ける人も増えているようだし、もう少し低いのでは」と思った人も、50％程度だと考えているのではないでしょうか。

答えは**「7％」**です。予想以上に低くて驚いたかもしれません。なぜ7％なのかを解説しましょう。

そもそも妊娠できる日は、**一月経周期のうち、5~6日くらいしかありません。**

例えば月経が整順で28日周期の女性の場合、月経開始から14日目に排卵します。卵が妊孕力《にんよう》（妊娠する力）をもっているのは排卵後3日ほど。一方の精子はというと、射精後、長くて2日しか妊孕力がありません。

従って、14日目に排卵した場合は、12日目から17日目までの6日間しか妊娠できないことになります。つまり、日数だけで考えても21％くらいです。

さらには、タイミングが合っても必ず着床するとは限りません。

ここで、着床までのステップも確認しましょう。卵は卵巣から腹腔内に排卵された後、卵管へと吸い込まれ、子宮に向かって進んでいきます。

一方、膣内に射精された精子は頸管粘液に誘導されて子宮内に入ります。子宮に入った精子は卵管へと入り、卵管の膨大部でやっと卵と出合います。

1回の射精で射出される精子の数は約1億個といわれていますが、卵に出合うまでの間で相当数の精子が脱落し、卵子の周囲まで来られるのはなんと数百個。その中で

◆図1　妊娠のしくみ

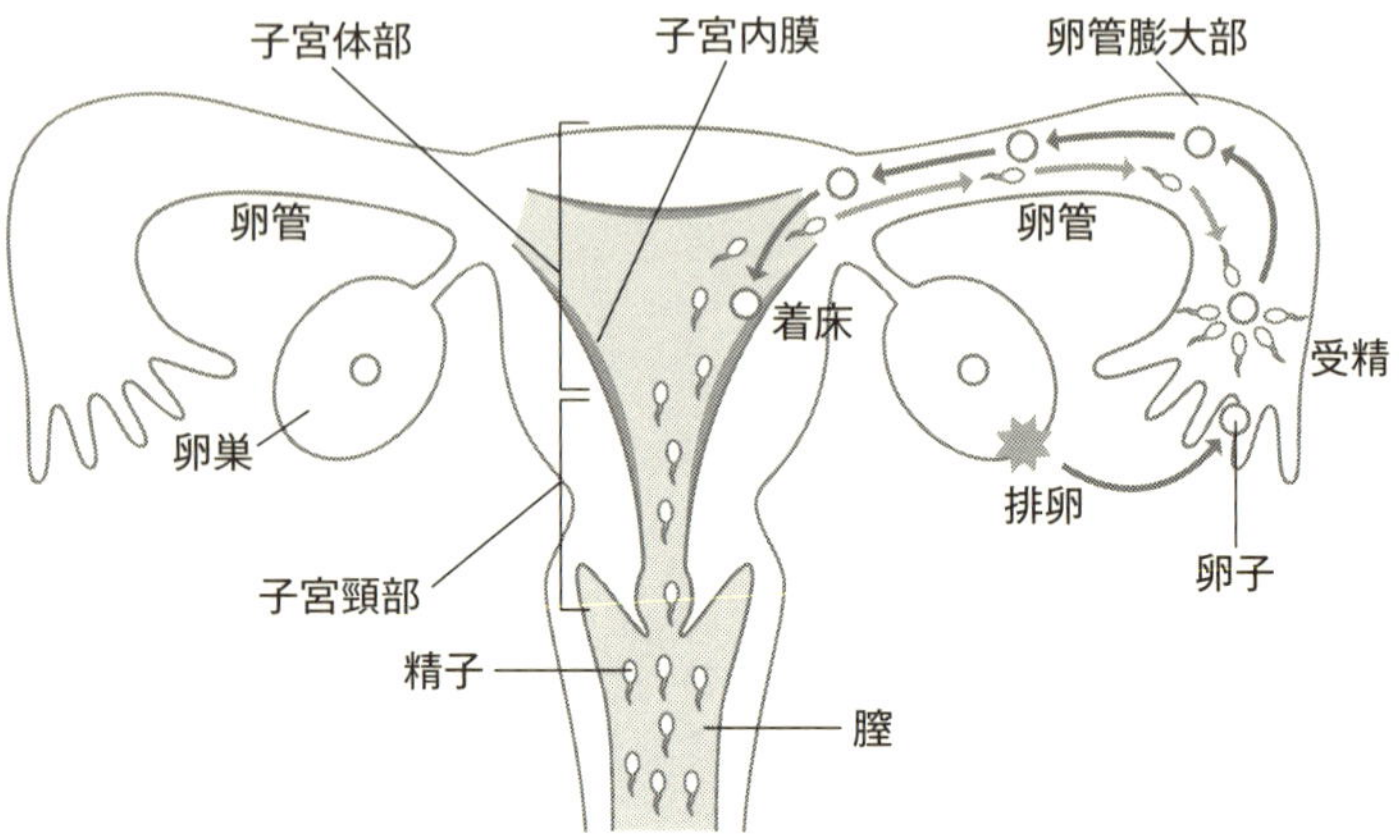

一番元気のよい精子が、他の精子の助けを借りて受精します。

受精卵はそのまま子宮に向かい、排卵後7～10日で子宮内膜に着床し、やっと妊娠成立となるわけです。

ここまでの過程ではいろいろな不都合が起こります。

カップルによっては、精子を招き入れるはずの頸管粘液が誘導的ではなく、むしろ遮断壁になっていたり、そもそも卵子と精子の相性が良くなかったりと、うまくいきにくいケースもあります。そういった状況だと、精子が不活性化してしまい妊娠に至りません。

結果、**タイミングが良くても無事、着床する確率はなんと3分の1程度。**よって、健康なカップルが毎日子づくりに励んでも、一月経周期で妊娠する確率は7％となるのです。

こうして考えると、人間は意外と妊娠しにくい動物といえるかもしれません。「下手な鉄砲も数打ちゃ当たる」ということわざがありますが、まさに子づくりのときは相当な無駄打ちが必要なようです。

しかし、一月経周期で妊娠しようと思うと確かに大変ですが、**1年計画ならチャンスは12回あるわけですから、大抵のカップルは妊娠できます。**

子どもを欲しいと思うと、妊娠したかどうかで毎月、一喜一憂しがちですが、むしろあまり「子づくり、子づくり……」と神経質になるべきではありません。

ストレスが生じたときに分泌される、プロラクチンやコルチゾールといったホルモンは、排卵や女性ホルモンの分泌を抑制する作用があるので、神経質になって妊娠にこだわりすぎるほど、むしろ逆の効果を招いてしまいます。

パートナーとの時間を楽しんでください。子づくりがただの作業になってしまうのは残念なことですし、タイミングをパートナーに伝えるのが恥ずかしい女性もいるでしょう。理想は、日常的にセックスライフを楽しめる状態です。そうすれば、おそらく1年以内には授かるでしょう。

ちなみに、逆に子どもを望んでいない場合、妊娠できる6日間を外せば問題ないと考えて避妊に利用しようと思っても、失敗することが多いようです。

月経整順な人でも、排卵日が2～3日ズレることはよくあります。中には**1週間遅れることも少なくありません**。排卵日とともに、妊娠できる6日間も前後しますので、結局、いつが安全かはわからないのです。ままなりませんね。

Q 体外受精だとダウン症のリスクが上がる？

A 発症リスクは自然妊娠と同じ

体外受精だとダウン症のリスクが上がるというのは、完全に都市伝説です。実際に統計を見ても、**自然妊娠と体外受精による妊娠で、ダウン症のある子どもが生まれる確率はほぼ変わりません。**

なぜ、このようなうわさや懸念が湧いたのでしょう。もしかしたら、体外受精の場合、受精卵は培養液の中で1週間ほど育てるので、そこで異変が起こるのではないかと疑念を抱いた人がいるのかもしれません。

ダウン症は染色体異常の疾患です（今や〝ダウン症も個性〟と言われていますので、疾患と言ってよいかどうかは難しいところですが、今回は医学的なことに絞ってお話しします）。

ダウン症は21番目の染色体が通常2本のところ、突然変異で3本になったために発症する疾患です。受精以前の減数分裂の段階で起こる現象ですから、21番目の染色体がうまく減数分裂できなかった卵か精子が受精した時点で発症します。

一般的には高齢者の卵に異常が多いので、高齢妊娠で確率が上がります。培養の途中で異常が起こっても染色体の数が増えたり減ったりはしませんので、**自然妊娠でも体外受精でもダウン症の発症リスクは同じ**なのです。

ダウン症は合併症を伴うことも多いですが、最近は医療や養育環境が進んできましたので、普通に社会生活を送ることができます。

通常は遺伝などと関係なく偶発的に起こることがほとんどですが、まれに生ずる転座型では、両親のどちらかが転座型の染色体を持っている場合に遺伝することがあります。

全体としては６００〜８００人に１人の割合で発症しますが、卵の老化と深い関係があり、20代では１０５０〜１４５０人に１人ですが、40代以降では１００人を切るというデータもあります。

ダウン症の人は特徴のある顔つきをしており、全体的に平坦な顔貌、厚い舌、つりあがった目といった傾向があります。また、成長発達面では筋力や言語能力が遅れ気味です。身体的合併症として、心疾患、白血病、鎖肛、難聴などがあります。

染色体異常による疾患で生児を得られるものは、ダウン症だけではありません。他にもいくつかありますが、偶発的な突然変異がほとんどですので、**あまり心配し過ぎないほうがいい**と思います。

ただ、高齢妊娠は卵の老化が進みますので、なるべく若いうちに産むのが、偶発的な突然変異を防ぐためにも良いことだと考えます。

受精卵を育てている場を見たことのある人は少ないでしょうから、どのような状況かがわからないために不安が募った結果、ダウン症のリスクが高まるのではと思った可能性もあると思いますので、体外受精についても解説します。

体外受精というのは、定義としてはその名の通り、体外で受精させることを指します。ひと昔前は試験管ベイビーと呼んだこともありました。どちらも同義だと思っていただいて構いません。

体外受精では、女性から採卵した後、卵を培養液に入れ、男性が射精した精子を卵にかけます。培養器の中で、しばらく無菌状態で育てると、卵が単細胞から2個、4個、8個とどんどん分かれていき、細胞数が70〜100個程度になったら（これを胚盤胞と呼びます）子宮内に移植し、そこから約2〜3日後に着床します。

以前は着床の機会を増やすため胚盤胞を、3個も4個も子宮に移植していました。確かに、移植する数が多いほど妊娠成立の可能性は上がります。しかし、すべて育つと三つ子や四つ子ができてしまいます。

胎児の数が多いほど早産のリスクが高まり、成熟児の確保が難しくなるので、最近は2個に絞るのが主流です。

2個であれば妊娠の可能性をそれなりに担保できますし、2個とも無事に育ったとしても、双子ならば対応しやすいです。

2個移植しても、着床が成功する確率は20〜30％程度です。これが、体外受精に何度もチャレンジしている人が多い理由といえます。

ちなみに体外受精における妊娠成功率は、自然妊娠と同様に年齢によって差があります。もちろん、**男女ともに若いほうが成功率は高く、年齢を重ねるほど成功率は下がります。**

経済的に余裕が出てきて、「そろそろ子どもを迎えられそうだ」と思っても、そのときにはすでに、自然妊娠だけでなく体外受精による妊娠も成功確率はとても低い、そういった可能性だってあります。

妊娠の可能性を高めようと、最近では卵に精子を直接埋め込む〝顕微授精〟という方法も生まれています。つまり受精までの可能性を、ほぼ１００％にするようなものです。

張りのある良い卵、そして元気そうな精子を選んで受精させられるのも、顕微授精のメリットです。状態が良い卵と精子を選んでいるので、着床後の生育面にも期待を持てる方法だと思います。

しかしそれでも、**若いときと同じというわけにはいきません。**現代の医療技術をもってしても、加齢を克服することは難しいのです。

体外受精という選択は、高齢夫婦にとっては歓迎すべきことだと考えています。着床以降は自然妊娠と何も変わりませんし、なんといっても、体外受精であれば卵や精子を選べます。そして、妊娠機会も増えます。費用がかかることを除けば、子どもを授かりたい高齢男女にとって良い選択だといえるでしょう。

Q 卵子凍結すれば何歳でも子を授かれる？

A 閉経したら無理。その前でも身体的な課題あり

「将来子どもは欲しいが、今はまだ無理」と考えている女性の中には、「若い今のうちに採卵して凍結保存しておけば卵の老化は防げるのではないか」と思っている人がいるかもしれません。

それはその通りです。**若い時期に卵子を凍結保存すれば、何年後に溶解したとしても卵は採取した当時の状態です。**老化することはありません。

しかし、解凍した卵は若くて元気でも、妊娠する本人が年を取っていますので、卵子さえ凍結すれば何歳でも子どもを授かれるとは限りません。なにより、**母体の状態**

が非常に重要だからです。

溶解した卵は、体外受精と同じ要領で精子と受精させ、子宮内に移植します。通常の着床率は20歳代で約47％、40歳代で約23％と、母親が高齢であるほど低くなりますが、凍結卵子の場合、卵は若いので高齢妊娠でも着床率は少し高くなるメリットがあります。

しかしうまく妊娠できたとしても**妊娠合併症を発症する可能性が年齢とともに上がるのは難点**です。

例えば、妊娠糖尿病の発生頻度は平均では12・8％ですが、40歳を過ぎれば2倍近くに増えます。妊娠糖尿病では赤ちゃんの過剰発育や新生児低血糖症、新生児黄疸などのリスクが高くなることが知られています。

妊娠高血圧症になれば、脳出血、胎児発育不良、常位胎盤早期剥離など母子ともに危険な状態に陥りやすい病気ですので、入院治療が必要となります。それでも重症化すれば満期産前でも緊急帝王切開などでの妊娠終了が必要になります。

体力も衰えますので、分娩の難産度だって上がります。

決して卵さえ若ければ、いつ妊娠してもいいというものではありません。

そもそも、子宮内膜が着床できる状態になることが大前提ですので、閉経してしまったら、人工的にそのような状態にするのは至難の業です。ほぼ成功しません。いくら卵子凍結をしていても子どもは授かれません。

それに凍結卵の保存費用も疎かにはできません。卵子凍結を否定はしませんが、「卵子凍結すればいつでも何とかなるだろう」と思ったら大間違いです。

少なくとも35歳までには解凍して妊娠されることをおすすめします。

Q

一度流産したら次も流産になる？

A

流産が続く可能性は低い

妊娠がわかるのは、特に子どもを待ち望んでいた人にとっては非常にうれしいことでしょう。その反動もあり、流産となってしまったときのショックは計り知れません。そうすると、「次にまた妊娠しても、流産になってしまうのでは」と不安になるのは無理もないことだと思います。

流産とは妊娠22週未満の妊娠の中断と定義されています。流産の時期によって、妊娠12週未満の流産を早期流産、妊娠12〜22週未満の流産を後期流産と区別しています。

全妊娠に対する流産の確率は15%程度とそれほど珍しくはありませんが、そのうち13%ほどが早期流産です。

早期流産は、染色体異常や遺伝子異常など受精卵の異常が原因であることがほとんどですので、偶然と捉えていただいて構いません。次も流産を起こす確率はわが国では4・2%、3回以上流産を繰り返す確率は0・88%。逆にこれらの人でも最終的な生児獲得率は80%を超えています。

少し前までは、早期流産の原因は卵の異常にあるといわれていました。なぜなら卵は良くても悪くても排卵した1個の卵で妊娠するのに対して、精子は約1億個の中で最も元気な1個が受精すると考えられていたからです。しかし昨今は、異常な精子が受精する可能性も疑われだしています。

いずれにせよ、ほとんどは偶然の結果ですので、あまり神経質にならずに次の妊娠に期待しましょう。

早期流産になるかどうかは、妊娠発覚時にはわかりません。正常であれば、妊娠4

〜5週ごろには胎嚢を、6週ごろに心拍を確認できるようになります。

確認できないときに初めて育っていないことが判明するので、**早期流産を疑えるようになるのは早くても6週ぐらい**です。

後期流産の場合は、母体に起因することが多いので一度流産したら次も流産になる可能性が生じます。状況によっては、不育症（二度続けて、流産または胎内死亡したときの状態）や、習慣性流産（三度以上、流産を繰り返した状態）となることもあるのです。

母体側の理由はさまざまですが、主なものとしては、子宮頸管無力症（知らぬ間に子宮口が開く病気）、双角子宮（子宮体部が2つある状態、治療は可能だがそのままだと流産しやすい）などの子宮奇形、子宮が感染症にかかっている場合などが挙げられます。

ちなみに子宮頸管無力症かどうかは、妊娠するまでわかりません。

しかし現代は、**これらの病態も検査と治療で対処できるようになってきましたので、**

流産を繰り返す確率はだんだん低下しています。昨今は、生まれる子の10人に1人が流産治療を経ているともいわれているほどです。

ただし、両親のどちらかに染色体異常がある場合は治療のしようがありません。

そもそも流産自体も、全体平均で15%とそんなに珍しいわけではありませんが、母親の年齢によって流産の確率が高まり、**35~39歳で20・7%、40歳代で41・3%まで跳ね上がることを覚えておいてください。**

ですから流産になっても、いつまでも嘆いてばかりはいられません。めげている時間はないのです。男性も年齢を重ねるほど精子の異常が増えますし、男女ともに協力して早めに仕切り直してほしいと思います。

Q

子宮筋腫があるときは子どもを授かってはいけない？

A

子宮筋腫が見つかっても妊娠維持

子宮筋腫に限らず、ブライダルチェックなど妊娠してもよいかどうかの身体チェックを受けてから妊娠するのが望ましいですが、実際には妊娠して初めて産婦人科を訪れる人が多いのが現状です。

そのときに子宮筋腫が見つかることが多いので、子宮筋腫があるときは子どもを授かってはいけないというより、子宮筋腫合併の妊娠をいかに満期産まで無事に持たせるかが重要になってきます。

性別に関係なく活躍できる社会となるべく環境整備が進んでいますが、まだまだ忙しくて婦人科にかかる時間がない女性が多いのも仕方のないことだと思います。加えて、あまりなじみがないために、婦人科に足が向かない人もいるかもしれません。

しかし、子宮筋腫があるのなら適切な治療をしてから妊娠したほうがベターです。子宮筋腫のある場所や大きさ、数にもよりますが子宮筋腫が邪魔をして、流早産を起こすことがあるからです。

妊娠初期は子宮の増大が少ないので早期流産はあまりありませんが、子宮の増大が顕著になる妊娠中〜後期流産や早産が増えます。

その理由は、子宮の増大に伴って筋腫部分も一緒に増大していかなければならないのですが、筋腫の部分は硬くて伸びにくいため、逆にその部分に子宮収縮が起こり、流早産になるリスクが高まります。

以前は妊娠中でも筋腫核出術などの手術的治療をしていましたが、現在は保存療法が主流です。

がん検診や不妊症検査など、何らかの機会で子宮筋腫が見つかったなら、しかるべき治療をしてから妊娠したほうが無駄な流早産を避けられると思います。

子宮筋腫のある場所によっても、状況は変わります。筋腫が漿膜下にある漿膜下筋腫なら、あまり問題は起きませんが、子宮内膜の近くにある粘膜下筋腫や筋層内筋腫の場合は、子宮収縮の危険性が上がります。筋腫が子宮口の近くにあるといわれたら、「赤ちゃんが出てこられないのでは」と思われるかもしれませんが、帝王切開という方法で出産できます。

では、妊娠が発覚してから子宮筋腫が見つかったときはどうしたらいいか。その場合はそう落ち込まず、担当医師に委ねましょう。

医療技術は進歩していますし、今では状況に応じてさまざまな対処法があります。

決して、「ブライダルチェックを受けなかった自分が悪い」「自分の責任だ」と自分を責める必要はありません。

まずは、子どもを授かった喜びを感じ、ゆったりとした気持ちで過ごすことを優先しましょう。

コラム①

妊娠適齢期

私が機会あるごとに再三言っていることですが、妊娠・出産に適した年齢というものが存在します。ぜひ、適齢期のうちにお子さんを産んでください。

昔は、結婚適齢期という言葉がありました。結婚後は妊娠・出産と続きますので、妊娠適齢期という意味も言外に含んでいただろうと思います。

以前は、結婚適齢期を過ぎても独身でいると、何か欠陥のある人のように思われて、社会的に一人前として認められないような風潮がありましたが、今となっては結婚したいときが適齢期という認識のほうが一般的となり、結婚適齢期という言葉はほとんど死語になりました。

ただ、結婚適齢期は消滅しても、妊娠適齢期は今も厳然と存在します。

Column

日本産婦人科医会でも、妊娠適齢期の妊娠・出産を活性化させることは重要課題とされていて、妊娠適齢期の啓発の取り組みに力を入れています。私たちが言わんとしているのは、端的に言えば次の通りです。

「初産年齢を早くしてください。できれば20代で産み始めてください。高齢になってからの初産は、母児ともに危険が増加しますよ」

男女共同参画など社会的な問題との絡みもありますし、女性が〝子どもを産むための道具〟のような印象を与えない配慮が必要となり、どのように啓発するのが良いかという側面では難しい問題も含まれていますが、ここでは医学的な観点に絞ってお話しします。

「妊娠適齢期とは何か？」というと、つまりは最も安全に妊娠・出産をできる年代ということです。具体的には、**初産年齢が20代、できれば20代前半がベストで、第2子以降も若い方がベター**ということです。

逆に言うと、高年齢での妊娠・出産はリスクが高いので避けましょうという意味でもあります。その辺りのことを、データでお話ししましょう。

1970（昭和45）年の第一子平均出産年齢は25・7歳でしたが、2023（令和5）年は31歳と、5・3歳上昇しました。

平均年齢の上昇もさることながら、年齢分布で40歳以上の出産が増えている点も看過できません。1970年は0・5％とわずかでしたが、2023年は6・5％と約13倍に跳ね上がっています。さらに、35歳以上の出産年齢分布は、なんと全体の30・4％を占めます。

高齢出産が激増することによって、すでにさまざまな問題が起こっています。

一つは流産の増加です。**20代の流産率は15％以下ですが、40代になると25％以上**と2倍弱になります。

また、妊娠が継続できても妊娠高血圧症、妊娠糖尿病など、妊娠合併症の可能性が高くなり、妊娠中のリスクが上がります。

分娩では帝王切開が増え、当院でも**40年前の帝王切開率は全体の5％以下でしたが、今では約23％**となっていて、そのほとんどが35歳以上の高齢出産という状況です。

鉗子分娩や吸引分娩も増えますし、高齢出産のほとんどがなんらかの異常を抱える難

◆ 図2　平均初婚年齢と母親の平均出生時年齢

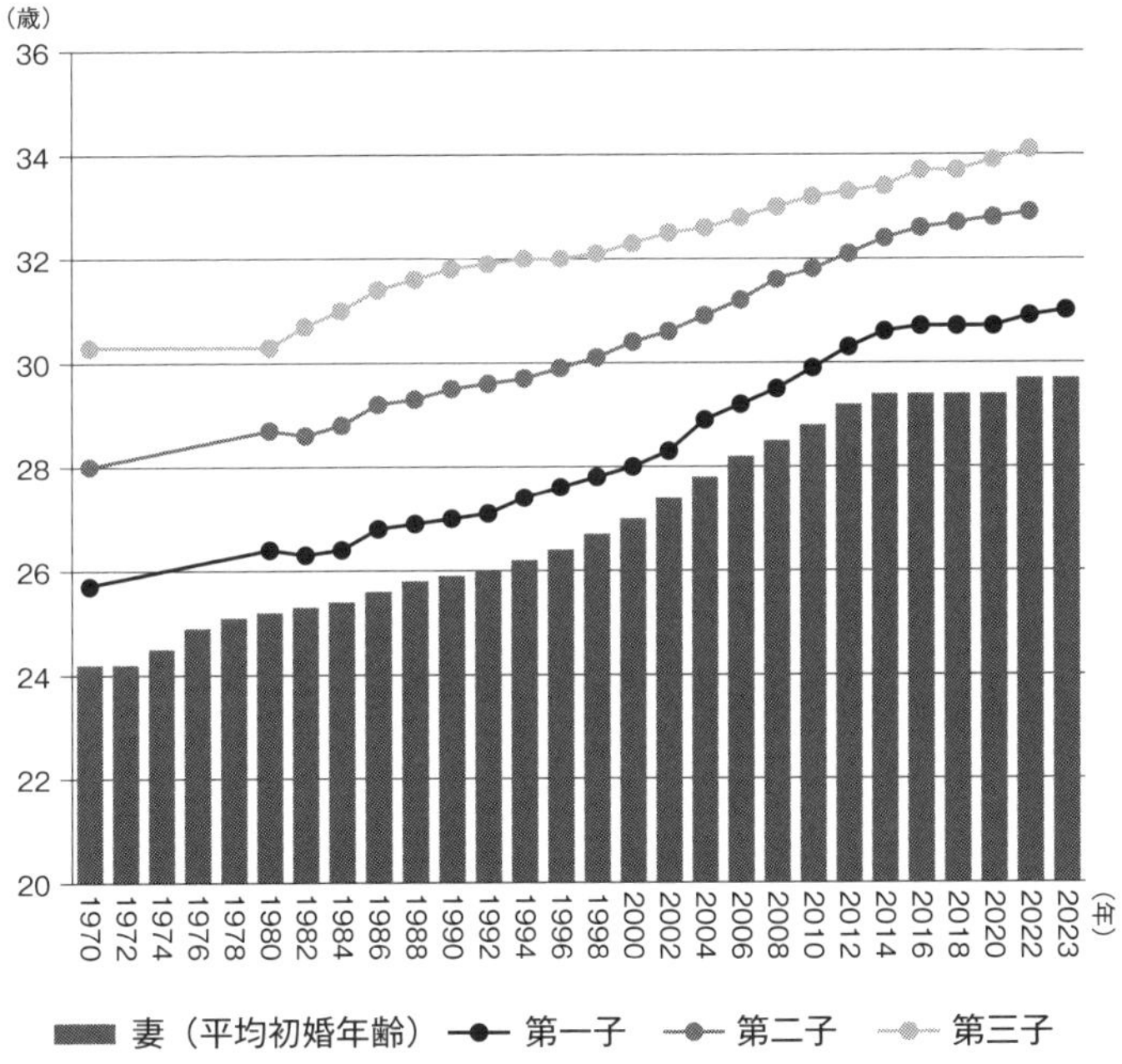

※厚生労働省統計情報部「人口動態統計」等を基に作図。
※1970～72年は沖縄県を含まない。
※結婚式を挙げたとき、または同居を始めたときの早い方の年齢である。同居（挙式）年と届け出年が同じものについてのみ。

産であり、とても安産を望めるような状態ではないと言っても過言ではありません。

一方、高年齢妊娠による卵の老化は胎児の異常にも影響します。主に染色体異常児の妊娠が増え、前述したようにまず流産が増加します。

例えば新生児のダウン症の割合も、母親が25歳であれば１２５０分の１程度ですが、40歳では１１０分の１程度となり10倍以上も増えます。最近は、ダウン症の症状も個性と言われるようになりましたので、発言には気をつけなければいけませんが、ダウン症の子どもを望んでいない人にとっては大きなリスクに感じられるのではないでしょうか。

もっと基本的なことで、**高年齢の人には妊娠したくてもできない人が大勢いる**ということも事実です。しかし、不妊治療の進歩により、自然では妊娠できない高年齢の人が妊娠可能になりました。

裏を返せば、自然界では妊娠できなかった人が妊娠するようになったということです。子どもが欲しくてもできない夫婦にとって、不妊治療の発達は大変な福音ですが、**自然の摂理に反しているため、ある年齢を過ぎると子どもを産むことそのものが母児双方にとって危険**であり、不妊治療による高年齢妊娠は潜在的に多くのリスクを抱えている

Column

と考えなければなりません。

すでに時が過ぎた人には、不妊治療の力を借りてもいいので少しでも早く妊娠してほしいと思います。しかし、若い人が「子どもは40歳になってから考えればいい、いつでも妊娠できるわ」と思っているとしたら、「それは大変な間違いだし、リスキーなことだよ。妊娠適齢期に産んでください！」と声を大にして教えてあげなければいけないと考えています。

「皆さん！　あなたのライフサイクルの中に、ぜひ、妊娠適齢期を組み込み、安産でハッピーな子宝計画を立てましょう！」と言われても、「結婚もしてないし経済力もないし、仕事もしたいし遊びたいし、無責任に子どもを産めないわ」と思うかもしれません。その点についてはごもっともですので、ページを改めコラム③「少子化対策は不十分」にて論じたいと思います。

Chapter 2

妊娠中の生活のホント

Q 仰向け・右向き・左向き・うつ伏せ どれで寝るのが良い？

A 強いて言うなら左向きがおすすめ

妊娠すると、ホルモンのバランスが変わり、お腹も大きくなって苦しくなるので、よく眠れないという悩みを抱える人は多いようです。

そうすると「どんな向きで寝ればいいのかな」と思う人もいるかもしれませんが、**基本的には自分が寝やすい姿勢で寝るのが一番**です。

ただ、一般的に推奨されている寝方があります。その代表例が **〝シムスの姿勢〟** で

◆図3　シムスの姿勢

しょう。
シムスの姿勢は、左斜め下向きになる姿勢です。
・体の左側を下にして横向きに寝る。
・上半身をややうつ伏せ気味にし、左足を楽な位置に伸ばす。
・右足は太ももの付け根から曲げ、左足より前に出して安定させる。
・右手は肘を曲げて前に出し、楽な位置で安定させる。
なぜ左向きにするかというと、胎児の90%以上が第一頭位、すなわち頭が下で背中が左側にあるためです。

つまり、**母体が右向きで寝ると、胎児は手足が下の状態になり、もぞもぞ動きやす**

くなります。手足を動かした拍子にお腹を蹴っ飛ばされたりすると睡眠が阻害されてしまいますから、左向き、かつうつ伏せに近い状態で寝るのが良いと言われているわけです。

ただしこの姿勢は、お腹が大きくなってきてからの話で、妊娠初期は関係ありません。初期はつわりなどもありますし、できるだけ心地よく寝られる姿勢を探り、ゆっくり体を休めてください。

ただし、**妊娠後期になったら、仰向けで寝るのは避けましょう。**

お腹が大きくなってくるので、そもそも仰向けで寝るのは難しくなるだろうとは思いますが、子宮が大きくなってから仰向けで寝ると下大《かだい》静脈（最も大きな静脈。下半身の血液を集めて心臓へ送り込んでいる）が圧迫されるため、全身へ血液が送り出されにくくなり、低血圧を招くことがあります（これを仰臥位《ぎょうがい》低血圧症候群と呼びます）。

また、お腹の重みによって腰に負担がかかるため、腰痛の原因にもなりますので注意してください。

眠れないときは、抱き枕を使うのもおすすめです。安定感が生まれますし、心も安らぎます。

Q 職場への妊娠報告は妊娠中期に入ってから？

A 場合によっては初期に伝えてもいい

職場に妊娠を報告するタイミングは、なかなか迷いどころだと思います。「会社に迷惑をかけるかな」と思うと、なかなか言い出しにくいかもしれません。

一般的には、安定期に入った妊娠4～5カ月の時点で報告すればいいと思います。しかし、体調が優れないときは別です。「切迫流産で安静が必要」と医師に診断されたら出勤できませんので、さすがに職場へ伝えざるを得ませんが、そうでなくとも、

つわりがひどいときなど早めに職場に伝えて配慮してもらいましょう。

もし言い出しにくいのであれば、医師に「母性健康管理指導事項連絡カード」を作成してもらいましょう。このカードは、本人が「書いてほしい」と言えば、**どの病院でも発行してくれます。**

つわりはもちろん、動悸やめまい・立ちくらみ、腰痛など妊娠にまつわる不調であればひと通りの症状に対応していますので、遠慮なく医師に打ち明け、相談してください。

勤務時間の短縮や身体的負担のかかる作業の回避など、対応についても具体的に進言できます。勤務時間の短縮は、「満員電車に乗ると吐き気がする」といった人に有効な対処法でしょう。

もう一つ覚えておいてほしいのは、**もし不調を感じていなかったとしても、身体的な負担の大きい仕事をしている人は配置転換が必要**であり、妊娠初期から職場に伝えるべきということです。

例えば、重いものを持つような作業は避けたほうがいいでしょう。

そういったことも、母性健康管理指導事項連絡カードには記載できます。とは言っても、なかなか自分では判断できないかもしれませんので、少しでも気がかりなことがあるなら、妊娠がわかった時点で医師に仕事の内容を伝えるなどして、対処すべきかどうかを相談するといいでしょう。

たしかに、職場に多少なりとも迷惑がかかることもあるかもしれませんが、妊娠・出産だってとても大切なことだと思います。新たな命、そしてあなた自身の命にも関わることなのです。

ただでさえ日本は急速な少子高齢化が進んでいますし、妊娠・出産には社会的にも大きな意義があります。立派な仕事の一つ、そう思って、胸を張って職場に伝えていいのではないかと思います。

◆図4　母性健康管理指導事項連絡カード

母性健康管理指導事項連絡カード

事業主　殿　　　　　　　　　　　　　　　　　　　　年　　月　　日

医療機関等名　医療法人東恵会 星ヶ丘マタニティ病院

医 師 等 氏 名

下記の１の者は、健康診査及び保健指導の結果、下記２～４の措置を講ずることが必要であると認めます。

記

１．氏名　等

氏名		妊娠週数	週　日	分娩予定日	年　月　日

２．指導事項

症状等（該当する症状等を○で囲んでください。）

措置が必要となる症状等
つわり、妊娠悪阻《おそ》、貧血、めまい・立ちくらみ、
腹部緊満感、子宮収縮、腹痛、性器出血、
腰痛、痔、静脈瘤《りゅう》、浮腫《ふしゅ》、手や手首の痛み、
頻尿、排尿時痛、残尿感、全身倦怠感、動悸、
頭痛、血圧の上昇、蛋《たん》白尿、妊娠糖尿病、
赤ちゃん（胎児）が週数に比べ小さい、
多胎妊娠（　　　胎）、産後体調が悪い、
妊娠中・産後の不安・不眠・落ち着かないなど、
合併症等（　　　　　　　　　　　）

指導事項（該当する指導事項欄に○を付けてください。）

標準措置			指導事項
休業	入院加療		
休業	自宅療養		
勤務時間の短縮			
作業の制限	身体的負担の大きい作業（注）		
作業の制限		長時間の立作業	
作業の制限		同一姿勢を強制される作業	
作業の制限		腰に負担のかかる作業	
作業の制限		寒い場所での作業	
作業の制限		長時間作業場を離れることのできない作業	
作業の制限	ストレス・緊張を多く感じる作業		

（注）「身体的負担の大きい作業」のうち、特定の作業について制限の必要がある場合には、指導事項欄に○を付けた上で、具体的な作業を○で囲んでください。

標準措置に関する具体的内容、標準措置以外の必要な措置等の特記事項

３．上記２の措置が必要な期間
（当面の予定期間に○を付けてください。）

１週間（　月　日～　月　日）	
２週間（　月　日～　月　日）	
４週間（　月　日～　月　日）	
その他（　月　日～　月　日）	

４．その他の指導事項
（措置が必要である場合は○を付けてください。）

妊娠中の通勤緩和の措置（在宅勤務を含む。）	
妊娠中の休憩に関する措置	

指導事項を守るための措置申請書

年　月　日

上記のとおり、医師等の指導事項に基づく措置を申請します。

所属

氏名

事業主　殿

この様式の「母性健康管理指導事項連絡カード」の欄には医師等が、また、「指導事項を守るための措置申請書」の欄には女性労働者が記入してください。

妊娠後期中に働くと早産になる？

A 特別な事情がなければ働いてもいい

産前休業は出産予定日から6週間（42日）前より取得可能ですが、義務ではありませんし、正常な妊娠経過をたどっているのであれば、6週間前を過ぎても働きたいのなら働いても構いません（産後休業は義務です）。

昔は、産休を取らずに働いている人はたくさんいました。

例えば、八百屋のおかみさんは陣痛が来るまで仕事をしていて「お腹が痛くなった。生まれそうだから病院へ行くわ」と急に出かけたというケースもありましたが、そういう人こそ安産だと言われたものですし、仕事をしていたからといって早産になることはそうありませんでした。妊娠後期はちょっとした子宮収縮はたまにあることで、しばらく休めばすぐに治まるのが普通です。

むしろ、**じっとしているほうが良くありません。**エコノミー症候群では、血液の循環が悪くなると、循環不全が起こります。同様に、子宮が大きくなるほど循環が悪くなりがちなので、座り続ける時間が長くなったときは、時々姿勢を変えるなど注意するようにしてください。

ただし、産休前の妊娠28週〜32週くらいでも、切迫早産の人は安静にしていなければなりません。切迫早産の原因は、子宮頸管無力症や子宮筋腫、双角子宮、子宮内感染症など主に母体、子宮の病気や奇形に由来することが多いので安静が必要です。また**多胎妊娠の場合は母体への負担が増えますので、産休として認められている14週間（98日）前ごろから産休を取って無理をしないほうがいい**でしょう。

また前述したように、業務上、重いものを持ったり急な動作を要したりする人は職場転換や産前休業を申告・取得しましょう。ただでさえ腰に負担がかかっている状態ですので、腰への負荷が増えるようなことは避けてほしいと思います。

Q パソコン使用時には電磁波防止エプロンを着けるべき？

A 必須アイテムではない

電磁波が卵や子宮内膜に影響することは昨今の研究で認められていますが、パソコンを使うときに電磁波防止エプロンを着けるほど過度に恐れる必要はないでしょう。パソコンだけでなく、スマートフォンや電子レンジなど、電磁波を出すものは日常生活する上でさまざまありますが、**通常の生活の中であびる電磁波のレベルでは胎児への影響は気にするほどではない**とされています。

しかし、過度の使用まで問題なしとされているわけではありませんので、ある程度、注意する必要はあるでしょう。受精後2～8週が器官形成期と呼ばれ、胎児の身体の臓器や組織の基ができるため、妊娠初期こそ電磁波が気になるのが一般的かもしれませんが、実は**初期のほうが胎児に電磁波が届きにくい**と言われています。初期は子宮がまだ小さく、筋肉や脂肪などの防波堤があるためです。

心配な人は、そもそもパソコンを使用する時間を短くするような工夫も必要でしょう。**胎児から20㎝以上離すと電磁波の影響が急激に下がる**という論文もありますので、距離に気をつける必要もあるだろうと思います。英国の専門誌で「妊娠中のスマホ利用は行動障害の子どもが生まれる可能性を高める」という発表がありましたので（直接の因果関係は明らかになっていないようです）、スマートホンの過度な利用も控えたほうがいいかもしれません。

話が少しズレますが、電磁波は不妊症の原因になる可能性はあるようですので、配慮するのであれば妊娠前から取り組む必要があるでしょう。

いずれにせよ、心配なのであれば電磁波防止エプロンを着用しても構いませんが、通常の生活では胎児への影響は気にするほどではありませんので、不安な気持ちのない安らかな状態で妊娠期を楽しんでいただければ良いと思います。

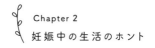

妊娠初期はスポーツを一切してはいけない？

A 異常がないのなら適度に運動したほうが良い

妊娠したからといって、スポーツを止める必要はありません。妊娠初期の流産は受精卵の異常が原因であることが多く、運動の量とは関係ありませんので、12週までは妊娠前と同じ運動量で問題ないとされています。

むしろ妊娠初期は子宮が小さく運動しやすいので、出産・育児中の体力づくりのためにも運動するのは望ましいことだと思います。それまで何かスポーツをしていたのであれば、ぜひ継続してください。もともと運動していない人が新しく始めるときは、ハードな運動は避け、ウォーキングなど日常生活の延長線上にあるような運動を取り入れると良いでしょう。

運動は体重管理の観点でも良いことだと思いますし、**運動をしていたほうが産後の疲労回復がスムーズで、母乳の出がいい**ともいわれています。

ただし、運動していると分娩が楽になるかというと、そういうことはありません。残念ながら、スポーツと分娩のスムーズさには因果関係はないようです。

運動の量や質の目安としては、日本臨床スポーツ医学会の「妊婦スポーツ安全管理基準」が参考になります。母体の条件としては、次の5項目が定められています。

1. 後期流産・早産の既往がないこと
2. 偶発合併症、産科合併症がないこと
3. 単胎妊娠で胎児の発育に異常が認められないこと
4. 妊娠成立後にスポーツを開始する場合は、原則として妊娠12週以降であること
5. スポーツの終了時期は、異常が認められない場合には、特に制限しない

運動強度としては「心拍数で150bpm以下、自覚的運動強度としては『ややきつい』以下が望ましい」「連続運動を行う場合には、自覚的運動強度としては『やや楽である』以下とする」といった基準が設けられています。

逆にスポーツをしてはいけない症状として心疾患、前置胎盤、子宮頸管無力症、破水、出血を挙げています。しかし正常な妊娠経過をたどっていれば、適度に運動したほうがいいでしょう。

体力の維持を目的とした妊婦体操というものもあります。病院や保健センターなどで教えてくれる機会があったら参加してみるといいでしょう。

私も当院でトレーナーがレクチャーしている様子を見かけたことがありますが、私の目には一般的なジムで行われているトレーニングと同程度の強度に見え、想像以上にハードなように感じました。胸まわりを鍛えるような動作もあったので、乳腺の発育にも寄与するかもしれません。

人と一緒に体を動かすことで気分転換にもなるでしょうし、体だけでなく精神面にも良い効果が期待できそうに思います。

◆図5　妊婦体操

妊婦体操をはじめる前に

- ●無理しない程度に、繰り返し行いましょう
- ●流産のおそれがある場合は中止しましょう
- ●体調に注意して、回数を少しずつ増やし、毎日行いましょう。
- ●リラックスして行いましょう。

骨盤をよじる体操

妊娠20週（6か月）以降に開始

目的　骨盤をよじることで骨盤の関節と筋肉を緩め、強く柔軟にします。

・各5～10回ずつ

①

●両肩は床につけたまま行います。

②

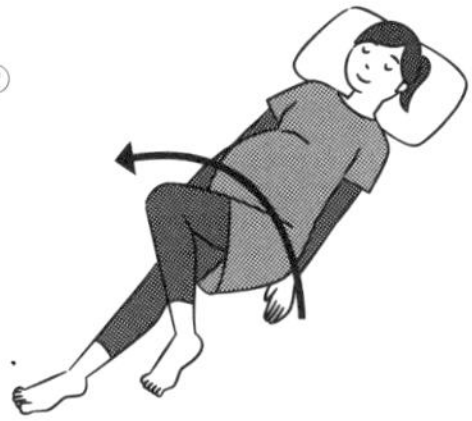

①両ひざを合わせて息を吐きながら左右交互に倒し、ゆっくりリズミカルに動かします。
②片ひざを曲げたまま、ゆっくり左右に倒します。もう片方も同様に行います。

あぐらを組む体操

目的　あぐらを組み、胸と腰の筋肉を緩めて骨盤の筋肉を伸ばします。赤ちゃんは産道を通りやすくなり、お産が楽になります。

・朝1回、夜1回
・2～3分

●力を抜き背中をまっすぐにしてあぐらを組み、両手を両ひざに乗せます。次に両手で両ひざを下の方へゆっくり押し、一呼吸くらいして手を緩めてリラックス。

足の体操

妊娠8～19週（3～5か月）以降に開始

目的　胎児の体重が増えると足に負担がかかります。くるぶしとつま先の関節を柔軟にします。足の血行を良くし、静脈瘤やこむら返りを予防します。

足首の運動

・1日3回
・各数回ずつ

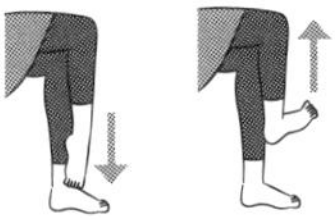

足首を支点につま先をゆっくり上下に動かします。

足指の運動

・1日3回
・数回

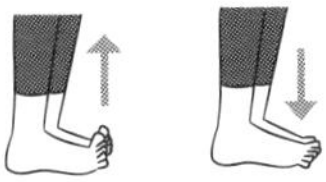

足の裏は床から離さないで、つま先だけ上に反らせます。
一呼吸して元に戻します。

腹帯やさらし、マタニティガードは無意味？

A 着用しなくても問題ない

日本では妊娠すると腹帯を着ける習慣がありますが、必ず着けなくてはならないものではありません。腹帯と早産や胎児の成長に、医学的な因果関係が認められないからです。そもそも日本特有の方法で、外国人は着用していません。

ただし、着用するメリットはあります。

一つ目は保温です。妊娠中はプロゲステロンというホルモンが増えるため体温は上がりますが、お腹のまわりは伸びているため血管がそれほど密ではなく意外と冷えていることがあるのです。子宮は冷えると収縮しやすくなるため、**温めるのは大事です。**

二つ目は、何かにぶつかった際の衝撃を吸収することです。お腹が大きくなるほど腹壁も脂肪も薄くなり、**妊娠中期以降は胎児と腹壁表面との厚さは数㎝まで縮まります**ので、腹帯での防護は有用かもしれません。ただ腹帯での効果はあっても少しかもしれませんね。

三つ目は、お腹が大きくなると下腹部から腰にかけての圧力が強まりますので、サポート機能のあるタイプを利用すると、腰まわりにかかる負担を減らせることです。お腹が前に出てくると腰で支えてバランスを取るようになり、腰に負担がかかりますが、**正しい姿勢になるようなものを使うと、腰痛の防止になる**だろうと思います。

腹帯の種類はさらし帯タイプ、腹巻タイプ、パンツタイプ、骨盤ベルトタイプ、サポートベルトタイプなどがありますが、昔から使用されているのはさらし帯タイプが主流です。

そして、腹帯は験担ぎによる精神面の効能もあるでしょう。日本には古くから、安産かつ多産の犬にあやかり、戌の日に神社で祈願をして腹帯を巻き、健やかな妊娠経過と安産を祈る風習があります。ご祈祷してもらうと、新しい家族を迎える心構えもできるかもしれません。

Q 歯磨きを怠ると早産になる？

A 可能性はゼロではない

早産のリスクの一つに感染症があります。歯周病も感染症の一つですから、歯磨きを怠って歯周病に感染すると、子宮内感染を起こす可能性もあり早産の確率が上がることになります。

妊娠中はプロゲステロンの分泌が増える関係で、歯肉が感染しやすい状態になっており、**平常時よりも歯茎が炎症を起こしやすく歯周病にかかりやすい**のです。妊娠初期はそれほどではありませんが、中期以降は歯周病になる可能性は高い状態のままのため、出産のときまでしっかりと歯磨きをしましょう。

なお、歯周病を含む大半の感染症は、年齢が上がるほど発症リスクが上昇します。

ちなみに、**妊娠中は虫歯にもなりやすい**です。虫歯が早産を招くという報告はありませんが、小さな虫歯であっても治療してください。虫歯の治療ではガリガリと削られるでしょうし、麻酔をしたり薬を飲んだりすることがあり、「胎児に悪影響はありませんか」という質問も受けますが、**麻酔は局所麻酔のため胎児には届きません**し、抗生剤も鎮痛剤も妊娠中でも使えるものがありますので安心して治療してください。

自治体によっては妊婦歯科健診の助成をしているところもありますし、安定期に入ったら異常がないか診てもらうといいでしょう。

妊婦向けの歯磨き粉もあるようですが、早産予防との関係性はあまりないのではないかと思います。歯磨き粉にこだわるよりも、きちんと磨くことを徹底するほうがよっぽどいいでしょう。歯が健康であれば物を食べられますし、出産や産後の育児に向けた体力づくりにもつながります。

Q 妊娠したら抜歯はダメ？

A 抜歯が必要な場合は治療すべき

抜歯は、歯が大きく欠けたりヒビが入ったりしたときや、虫歯や歯周病がひどく歯茎まで傷んでいる場合に行われるようです。病気が広がるのを防ぐ目的で行われることもあるようですし、妊娠中であっても必要な場合は抜歯をして構いません。

口腔の状況によっては、出産後の抜歯で問題ないこともあるだろうとは思いますが、産後は育児に奔走し自分のことは後回しとなる人もいるようですから、治療を受けられる状況であれば治療してもらうほうがいいだろうと思います。

ただ、**時期としては安定期に入った妊娠中期**がいいでしょう。初期はつわりなどで長時間治療が難しいでしょうし、後期は仰臥位での長時間は腹部圧迫などがあり辛いと思います。

抜歯そのものに、**流産や早産のリスクがあるという報告は今のところありません。**一つ前の項目でもお話しした通り、麻酔をしても大丈夫ですし、胎児に影響がない抗生剤も鎮痛薬もあります。虫歯や歯肉炎の痛みを我慢しながらの妊娠継続も大変ですのでぜひ治療してください。必要なら抜歯もしてください。

抜歯が必要かどうかを診断するためにレントゲンを撮ることになるでしょうが、**歯科治療時に使用されるX線の放射線量は少ない**ですし、防護エプロンを着けるため胎児への影響はほとんどないとされています。歯の状態をきちんと確認した上で、最善の治療方針を決めてもらい治療を受けたほうがいいと思います。

ただし、妊娠中は一度出血すると止血しにくく、抜歯による**出血量は平常時よりも**

多くなるでしょう。ホルモンの関係で、血管がもろくなっていますし、凝固機能が落ちているためです。しかし、歯科医もそういったことをわかった上で治療方針を決定しますので、そこまで心配する必要はないでしょう。

母子手帳を持参するなどして、妊娠中であることを伝えることだけはお忘れなきようお願いします。

便秘になったら浣腸を使うべき？

浣腸は最後の手段。まずは食事改善から

腹筋が弱く排便時に十分な腹圧がかからない、羞恥心から便意を我慢してしまうなどの理由から、女性は男性よりも便秘の人が多いと言われています。残念なことに、**妊娠するとさらに便秘になりやすい**です。

妊娠初期はつわりもあり十分な水分を摂れませんし、食物の摂取量も減るので便そのものが少なく、しかも硬くなり便秘を招きます。中期はプロゲステロンの分泌量が増加することで、体内に水分を溜めこむようになって便が硬くなり便秘の状態になり

ます。後期では、その上子宮が大きくなり、腸を圧迫するので、腸管の蠕動《ぜんどう》運動が減り、便が滞ってしまってさらに出にくくなります。加えて、運動不足による腹筋の衰えも、時に便秘を加速させる要因となるでしょう。

即効性のあるものに頼りたくなる気持ちもわからないではありませんが、便秘になったらまずは食事の内容を見直しましょう。

便秘改善に良いとされているのは、食物繊維の多いものや発酵食品です。食物繊維が豊富なのは**大豆・海藻・オクラ・きのこ・芋類・豆類**です。発酵食品は**ヨーグルトや納豆**などがありますが、相性もあるのでいろいろ試してみるといいでしょう。運動をして、腸を刺激することも大事です。

食事と運動で対処しても出ないときは、便秘薬を使用しましょう。妊婦向けでは酸化マグネシウム、センノシド、ラキソベロンなどが主流ですので、医師に相談してみてください。浣腸は、それでもダメなときの最終手段です。普通はグリセリン浣腸液を使いますが、便秘薬よりも刺激が強いので、流早産につながる恐れがないともいえません。安易に使わないでください。

便秘が続くと痔にもなりやすいですし、気になったら食事改善と運動でまず対処しましょう。悪化させないためにも、早めの対応がポイントです。

Q トイレでいきむと赤ちゃんが下がる？

A 正常の妊娠経過をたどっていればいきんでも平気

トイレで排便をする際、「赤ちゃんが下りてこないかな」と不安を感じる人もいるようですが、妊娠初期中期では、正常な妊娠経過をたどっていれば、いきんでも問題ありません。

むしろ前項でもお話ししたように、妊娠中は特に便秘になりやすく、腸の動きは後期になるほど鈍くなるので、多少気張る必要があるでしょう。数日我慢して便秘を悪化させるほうがよくありませんし、**異常がない限りいきんでも早産にはなりません。**

後期になると、いきむことで胎児の頭が少し下がる可能性はありますが、正常妊娠であれば排便した後もそのままの状態ということはなく、**胎児は元の位置まで戻ります**ので、いきんだことによって陣痛になることはほぼないと思います。

ただし、切迫早産などで安静を強いられている人は、排便時に気をつける必要があります。

特に子宮頸管無力症の場合は、子宮頸管が中から圧迫されるため、陣痛に移行しないとは言いきれません。前置胎盤で安静が必要な場合も、胎盤が少し刺激されるだけで大出血になる可能性がありますので注意しましょう。

和式トイレでしゃがむことに不安を抱く人もいるかもしれません。確かに和式トイレを利用するときの格好は分娩時にもすることがありますし、胎児が下がりやすい格好ですので、洋式トイレのほうがおすすめです。

蹲踞位《そんきょい》といって和式トイレで便をするような格好で分娩する体位があります。この方法は、胎児と骨盤誘導線が一致して胎児の下降と回旋を促す、胎児を産み出しやすい方法なので、今でも自宅分娩では時々使われている体位です。だから、和式トイレで便をするために気張れば妊娠後期では胎児の頭はある程度必ず下がります。しかし、それがすぐ陣痛につながることはほぼありません。

下痢になりそうなど緊急を要するときには、和式トイレを使用するのも致し方ないでしょう。

Q 切迫早産になったらお風呂に入れない？

A 入れないこともある。医師の許可が下りても短時間にとどめること

切迫早産は、重症であれば入院安静、そうでなければ自宅安静となります。

自宅安静であれば、助産師から生活上の注意点として「炊事や掃除、洗濯などの家事はせずに寝ているように」と指導を受けるでしょう。**お風呂については医師の判断となります。**お風呂も時々であれば入っていいと言われることもあるでしょうし、シャワーはいいけれどお風呂はダメと言われることもあるだろうと思います。

お風呂には、子宮が温まり子宮収縮を抑えるというメリットもありますが、体に負担がかかる点が懸念されます。シャワーをする際の**立ち姿勢も子宮口を圧迫する**ため良くありませんので、お風呂ないしシャワーの許可が下りたとしても、長時間にならないように留意する必要はあるでしょう。

ちなみに心疾患がある人は、負担にならないよう湯量を調整する必要がありますが、そうでなければ温度も量も気にしなくて構いません。

重症の場合は、持続点滴が必要なためベッドで寝ていなければなりませんし、お風呂は入れないだろうと思います。シャワーの許可も基本的には下りないと思います。

しかし、長期入院の場合は看護師が清拭（体をタオルなどで拭き清潔にすること）をしてくれます。

それでもシャワーを浴びたくなることもあるかもしれません。私も看護師から「患者さんがシャワーを希望しているのですが、どうでしょう」と尋ねられることがあります。診察をして状態が良ければシャワーを許可することもありますので、どうしてもというときは医師や看護師に相談してみてください。

ただし、同じ切迫早産でも、**破水してしまい陣痛を一生懸命抑えている状態のときは、感染を考慮しなければなりませんので入浴は禁忌となります。**

Q 咳をすると早産になる？

A 正常妊娠であれば咳をしても早産にはならない

正常な妊娠経過をたどっているのであれば、咳をしたくらいで早産になることはまずないでしょう。少なくとも私が診てきた妊婦さんは、咳が原因で早産になった人はいません。

そもそも咳をしているということは、風邪など何かしらの病気に罹っているはずですから、**まずはそれを治すことに注力するのがいいだろう**と思います。妊娠がきっかけで喘息を発症する人も中にはいますので、風邪だと思って放っておかず、咳が出るようであれば早めに診察を受けるようにしてください。

切迫早産の状態にあり治療をしている最中は、1〜2回の咳なら問題ないだろうと思いますが、何度もすると腹圧がかかり、早産になる可能性がないとは言いきれません。

一方で、切迫早産で入院しているときは、院内には感冒など他の病気で入院している人が居ますので感染しないように注意してください。

切迫早産で自宅安静となっているときも、基本的には外出しないでしょうから、家族にマスクを着用してもらったり、うがいを徹底してもらったりするなどして、風邪の予防に努めるようにしてください。

いずれにしても、咳が早産の原因になることはまずないでしょう。

Column

コラム②
月経周期と女性アスリート

「受験日と重なるから」「旅行の日とかぶるから」といった理由で、生理の日程を調整してほしいという人は時々来院されますが、「試合日と重なるから生理をずらしてほしい」という人は、実はほとんどいらっしゃいません。

私は、一流選手には当然スポーツドクターがついているのだろうし、学校の体育クラブでも学校医が対応しているため、女性アスリートは一般の産婦人科へは月経の相談に来ないのだと勝手に理解していました。

ところが、実際は**ナショナルチームでも月経については適切に対処されていない**ということがわかり、私の早とちりであったことが判明しました。

ここで、女性の月経周期と体調の変化について考えてみましょう。

月経は、女性ホルモン（卵胞ホルモンと黄体ホルモン）が消退することで始まります。月経中は女性ホルモンが一気に減少するので、人によって程度の差はあるものの、一般的には女性としての輝きが失われ、虚脱感が生じ、思考能力が落ちると言われています。その上、月経困難症の人は、下腹部痛、腰痛、頭痛、悪心（吐き気）、嘔吐などを伴い、月経量の多い人は貧血症状も現れ精神的にもうつ的になり、日ごろの能力は発揮できなくなるだろうと思います。

「月経痛のひどい人が競技日に生理になっては、そりゃ勝てんだろう……」というのが私の率直な感想でした。「お腹が痛い、痛い」と思っていては、実力の半分も出せないのではないでしょうか。オリンピックで期待通りの結果が出せなかった選手の中には、生理中の人もいたかもしれません。

生理をずらすくらいのことは、女性なら誰でも考えるだろうと思われがちですが、意外と簡単にできることを知らない人も多いようです。知っていても、ホルモン剤を投与しますから、ドーピングの問題が絡むため言い出しにくいということもあるのでしょう。

Column

確かに**スポーツドクターは主に整形外科医で、産婦人科の医師はほとんどいません**ので、生理にまつわるアドバイスが難しいのかもしれません。

そこで日本産婦人科医会の女性保健部会で〝女性アスリートプラン〟を立ち上げ、**東京オリンピックまでに女性アスリートが最も良い体調で試合に臨めるようなプログラム**を考案し、アドバイスをしました。

これには、単に生理を外せばいいというだけではなく、女性アスリートの性周期の中で最もコンディションの良い時期を試合に合わせるようにして、彼女たちの最高のパフォーマンスを引き出したいという意図もありました。

一般的に女性の性周期は次の４つのパターンに分かれます。

・月経期：卵胞ホルモン、黄体ホルモンとも消退する１週間
・増殖期：卵胞ホルモンが優位の、排卵までの１週間
・分泌期前期：排卵後、卵胞ホルモンと黄体ホルモンの安定している１週間
・分泌期後期：月経準備のため、ホルモンバランスが微妙に狂う１週間

時期による体調の変化がほとんどない人もいますが、たいていの人は肉体的、精神的に変化があり、**どの時期が良いか悪いかには個人差もあります**。

一般的には、体調が一番良いのは増殖期、続いて分泌前期、分泌後期、最悪が月経期となるようですが、分泌後期に月経前緊張症の出る人にとっては、月経期のほうがまだ良いということになります。

アスリートの各時期の成績データをしっかり取り、最も成績の良い時期と試合日が重なるように月経周期を調整すれば、おそらく本来の実力を発揮することでしょう。

ホルモン剤の中にはドーピングに引っかかる薬剤もありますので、薬剤の使用についての判断は産婦人科スポーツドクターがすべきでしょう。

産婦人科スポーツドクターの務めは、そればかりではありません。過酷な練習や体重制限などを強いられる女性アスリートの中には、体調を崩している人もいます。

例えば、卵巣機能不全を起こして生理が不規則になっている人がいると聞きますし、中には無月経になってしまった人もいるそうです。

Column

これらの症状は、極端に体脂肪が少ないため卵胞ホルモンが貯蔵できなくなることが原因です。**卵胞ホルモンの低下は骨粗鬆症の原因にもなり、疲労骨折につながりますし、貧血症にもなりやすいため注意が必要です。**

女性アスリートの方々が産婦人科医のサポートを受けることで、自分の最も良いコンディションのときに競技に臨んでほしいと思います。

Chapter 3

妊娠中の食のホント

葉酸はサプリと食べ物どちらで摂るべき?

食べ物で積極的に摂取してサプリも使うこと

葉酸に限らずどんな栄養も、基本的には食べ物で摂るのが原則で、サプリメントは補助的な役割であるのが理想ですが、葉酸だけはサプリや健康食品を使ってでも補ってください。厚生労働省も、食品に加えてサプリからも葉酸を摂取することを推奨しています。

なぜなら、これらは**食品だけでは必要な摂取量を満たすことが難しい**ためです。

子どもから老人までの葉酸の平均的な必要摂取量は、1日200〜300㎍とされていますが、妊娠前は+400㎍、妊娠中は+240㎍、授乳中は+100㎍が理想とされています。それに対して、現代の日本人はおよそ２００㎍程度しか摂取できていないとされていますので、普通に食事をしているだけでは足りません。

葉酸はビタミンBの一種で、細胞分裂やDNAの合成、赤血球を作るのに大事な栄養素であるため、胎児の成長に欠かせないのです。不十分だと神経管閉鎖不全（NIDs／脊髄を作る基になるところがうまく閉じない病気）になり、無脳症や二分脊椎になるリスクがあります。

NIDsの既往の妊婦に妊娠前から妊娠12週まで葉酸を４０００㎍摂取させた場合、72％の胎児が神経管閉鎖不全にならなかったという報告もあります。その後、初発防止にも妊娠前からの葉酸サプリ摂取の有効性が示されました。

胎児の主な器官の基礎ができ始めるのが６週ごろですので、できればそれまでにしっかり葉酸を摂っておきたいところです。

しかしながら、妊娠反応が出るのは４週ぐらいですし、生理が正順な人でも１～２週遅れてから妊娠に気づくのが一般的です。昔に比べると意識的な人が増え妊娠がわかるのが早くなったようには感じていますが、それでも病院へ行き妊娠を認識するのは5週ごろだと思います。

そうすると、それまで葉酸の必要性を認識していなかった人は、妊娠が判明した後で「赤ちゃんがきちんと育つだろうか」と不安になるかもしれませんが、知ったときから意識して摂取すればそれで大丈夫です。

ただし、**葉酸は過剰摂取も良くありません**。それまで葉酸を積極的に摂取していなかったからといって、サプリを大量に飲むようなことは避けてください。ビタミンB12の欠乏症を隠してしまうためです。具体的には1000μgを超えると過剰とされていますので、気づいたそのときから適量を摂取するようにしてください。

なお、サプリは総合栄養剤になっているものが多いので、ビタミンAなどの過剰摂取も考えて、できるだけ葉酸のみのものを選びましょう。

葉酸に限らないことですが、食事はバランスの良さも大事です。どちらかというと満遍なく、何かが不足することのないよう食べてください。

◆ 図6　葉酸がいっぱい！おすすめの食べ物

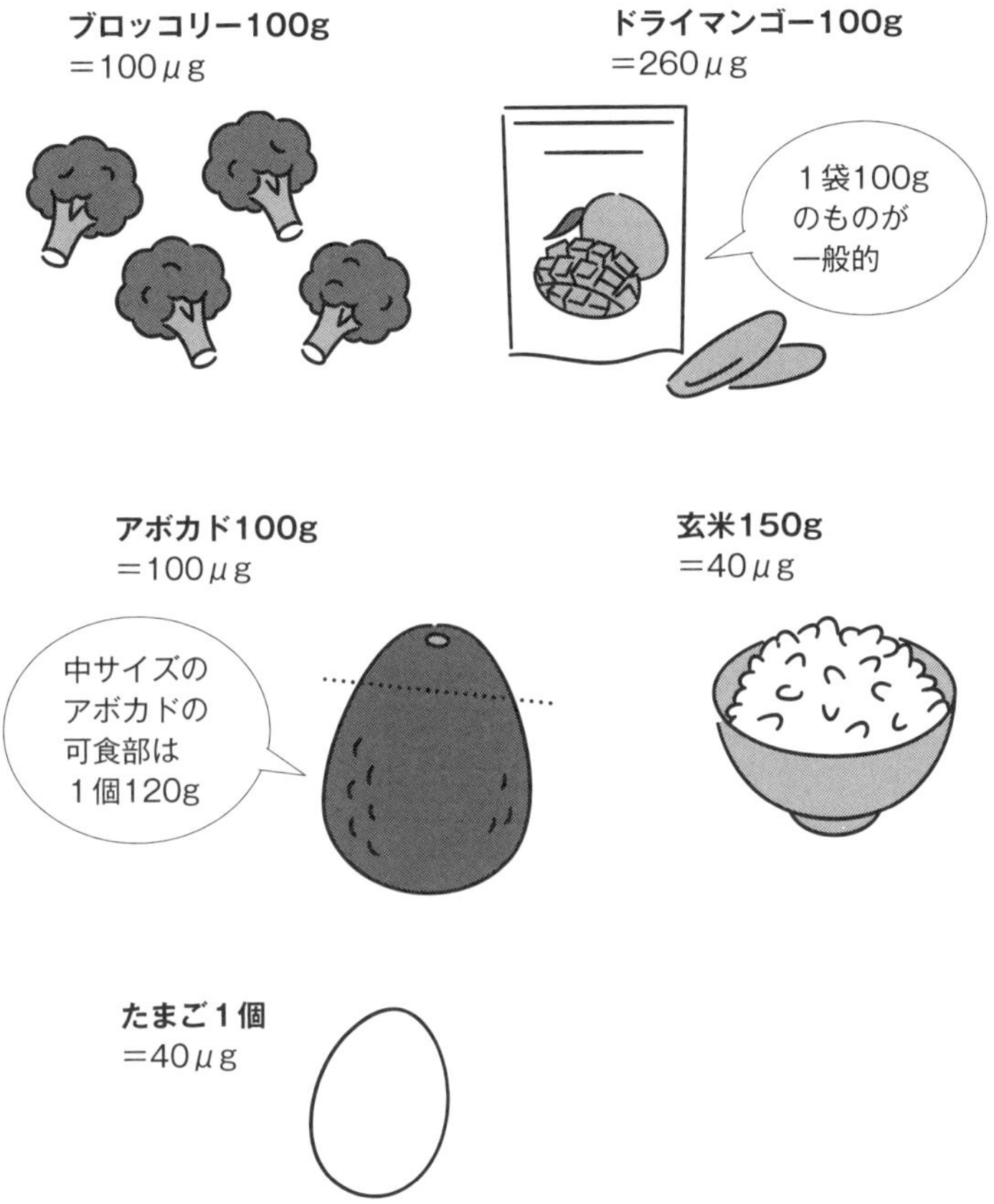

Q 貧血対策にはレバーが一番？

A レバーは積極的に食べたい優良食材

鉄欠乏性貧血になる妊婦は、割と多くいます。鉄欠乏性貧血は、その名の通り鉄分が不足することで生じる病気で、めまいや立ちくらみを起こしたり、体のだるさやむくみを引き起こしたりします。

特に**妊娠中期以降は胎児に取られる鉄分の量が増える**ため、積極的に摂りたい栄養素の一つです。

レバーには鉄分が多く含まれているので、鉄欠乏性貧血の予防におすすめの食材です。

「レバーは控えるほうがいいのでは」という声があるのは、レバーがビタミンAを多く含むためでしょう。ビタミンAは、視覚・聴覚・生殖関連の器官の機能維持や成長促進、皮膚や粘膜の保持、タンパク質の合成などで必要なビタミンで、健康を維持するために不可欠な栄養素です。

しかしながら、「妊娠初期にビタミンAを過剰摂取すると、胎児の発育への影響、具体的には催奇形性が懸念される」と内閣府の食品安全委員会が言っているのです。

ただ、一度にたくさん摂取したら危険ということではなく、**継続して食べることが危険ということ**ですので、過去に食べ過ぎたからと心配する必要はないと注釈をつけています。私もそこまで心配しなくてもいいのではないかと考えています。

むしろ**中期以降は貧血のほうが心配**ですので、ある程度であれば多めに食べてもいいのではないかと思います。

妊婦のビタミンAの摂取量の目安は、1日2700μgまでとされています。

例えば焼き鳥のレバーに含まれるビタミンAは、1本あたり4200μgですので、たった1本でオーバーしてしまいますが、毎日食べるわけではないでしょう。毎日1本食べるのはさすがにやめてほしいですが、週1回であれば問題ないだろうと思います。

一方、鉄分はというと、現代の女性は十分に摂取できていない状況にあります。

○女性に推奨されている鉄分の1日当たりの摂取量

成人女性（月経あり）：10500μg

妊娠初期：9000μg

妊娠中期・後期：16000μg

○女性が摂取している1日当たりの鉄分の量

20〜29歳：6200μg

実際に摂取している鉄分量は、妊娠初期は推奨値の3分の2程度、中期・後期とな

ると半分以下ですので、レバーは普通に食べて構いませんし、鉄分の観点では焼き鳥1本でも足りず、もっともっと欲しいぐらいです。
「レバーが好きで食べたいけれど、ビタミンAの量が気になるから我慢する」という心配はしなくて構いません。

鉄分を摂取するには、やはり肉類が手軽ですし優良です。それでも足りないようであれば、サプリで補ってほしいと思います。
妊婦健診では、鉄分が足りているかどうかは、妊娠初期・中期・後期と合計3回検査するのが一般的です。**何も指摘されなければ心配は要りません**ので、あまり細かいことまで気にすることなくゆったりと過ごして問題ないと思います。

Q 胎児が小さい、発育が悪いと言われたら ごはんの量を増やすべき？

A ほとんどの場合、増やす必要はない

「胎児が大き過ぎる」と妊婦に告げると、本人は「あれれ」とか「えー」とか言う程度でそこまで気にならないようですが、「小さめですね」と言うと心配になる人が多いようです。

胎児の大きさは、親の体格とも関連しており、**親が大きいと胎児も大きく、親が小さいと胎児も小さい傾向にあります。**不必要に心配させることもありませんし、大きい、小さいなどといったことは、問題ない範囲であればあえて伝えないようにしてい

ます。

胎児の大きさは、推定体重がそのときの週数の平均値とどのくらい差があるか、偏差値（ＳＤ）を用いて評価します。

正常の範囲は±１・５ＳＤ以内とされていて、この中に入っていれば異常としては扱いません。**マイナス１・５ＳＤ以下の場合、胎児発育不全（ＦＧＲ）となります。**

胎児発育不全は母体、胎盤、臍帯、胎児のどれかが原因です。

一つ目は母親にもともと基礎疾患がある場合で、腎臓病や高血圧症、糖尿病がある場合。妊娠中では妊娠高血圧症、多胎妊娠などが胎児発育不全の原因となります。

妊娠中の喫煙も、胎児発育不全につながるといわれています。しかし、アルコールの摂取については、胎児発育不全につながるという文献もあるものの、証明はされていません。

中期以降になると、胎盤の形態異常などで胎盤機能不全（胎盤から胎児に栄養がうまく届かない状態）ということもあります。

臍帯の異常としては、臍帯が曲がり過ぎる臍帯捻転異常や臍帯動脈に異常があって胎児の血流が悪くなっている可能性もあります。

これらの場合は、体重が増えないだけでなく酸素も届いておらず、胎児の状態が悪くなるため、むしろ早く出してあげなければなりません。帝王切開をして分娩を早めるような決断をすることもあります。


最後は、胎児に異常がある場合です。染色体に異常があると、初期の段階で流産することが多いのですが、正期産まで進むパトウ症候群やダウン症などの胎児は小さめです。

つまり、**ほとんどの場合、胎児発育不全と母親の食事の量には関係がない**ということです。

母親に基礎疾患がなく、胎児にも異常がないときもまれにあり、その際は母親の栄養不足によって胎児発育不全となっている可能性がありますので、普段、どのような食生活をしているか確認し、必要とあれば食事の量を増やす提案もします。この場合は、ごはんの量を増やせばカロリーが増えますので、胎児発育不全を解消できるでしょう。

しかし、母親の食事の量が理由でない場合、たくさんごはんを食べても胎児発育不全に影響がないどころか、むしろ母体の体重が増えてしまいますし、「たくさん食べなければ」と無理をする必要はありません。

ちなみに、妊娠中の1日の必要なエネルギー量は次の通りです。

○妊娠初期（非妊娠時より＋50kcal）

18～29歳：2000kcal

30～49歳：2050kcal

○妊娠中期（非妊娠時より＋250kcal）

18～29歳：2200kcal

30～49歳：2250kcal

○妊娠後期（非妊娠時より＋450kcal）

18〜29歳：2400kcal
30〜49歳：2450kcal

おそらく、思ったよりも少ないと感じる人のほうが多いのではないでしょうか。

戦後しばらくは食糧難で、栄養不足による胎児発育不全もありましたが、ここ40年ほどは飽食の時代ですし、「育ち過ぎなので、食事の量を少し減らしてください」と**食事制限をすすめることのほうが多い**ように思います。

◆図7　バランスよく適量を食べよう

カロリーの目安

●妊娠初期は+50kcal

キャンディーチーズ3個分

バナナ1/2本分

ポテトチップス3枚分

●妊娠中期は+250kcal

ごはん1杯分

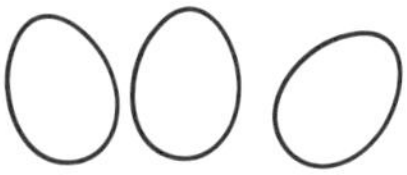

たまご3個分

うどん1玉分

●妊娠後期は+450kcal

ラーメン1杯分

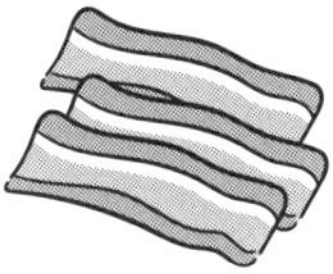

豚バラ肉120g

カレーライス半人前

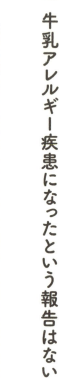

Q 妊娠中に牛乳を飲み過ぎると赤ちゃんが牛乳アレルギー疾患になる？

A 牛乳アレルギー疾患になったという報告はない

牛乳の飲み過ぎで、胎児が牛乳アレルギー疾患になるといったことは報告されていません。

もしかしたら、鶏卵のアレルギーが子どもに遺伝する可能性があると言われていることと、「アレルギーは遺伝するのでは」という憶測が混ざって、こういった疑念が湧くことになったのではないかと思います。ちなみに鶏卵アレルギーの遺伝についても、明確な答えは出ていません。

そもそも食物アレルギーの発症を予防しようと**妊娠中に食物除去をすると、栄養が偏り栄養障害を起こすことがあります**し、基本的には制限せずに食べたほうがいいでしょう。

牛乳は準完全食と言われ、栄養を豊富に含んでいますので普通に飲んでほしいと思います。妊娠後期には胎児の骨を作るためにカルシウムが必要になりますが、成人のカルシウムの推奨摂取量が1日当たり500mgであるのに対して、実際は400mg程度しか摂れていないことが国民健康・栄養調査でわかっています。

妊娠していなくても、**通常の食生活ではカルシウムが足りず乳製品をプラスしてほしい**ぐらいですし、妊娠後期はどんどん飲むのが望ましいです。なお、牛乳の摂取目安は1日650gです。

ちなみに、**カルシウムが不足すると、胎児の骨密度の減少につながります。**

妊娠中はエストロゲンというホルモンが分泌されている関係で、母親の骨密度が下がることはありませんが、積極的に牛乳を飲む習慣をつけておくと、更年期の骨密度の急激な低下の抑制にもつながるかもしれません。

遺伝子組み換え食品や食品添加物は胎児に悪影響？

A 問題ないので食べてよし

昨今はインターネットが浸透したこともあり、さまざまな情報を得られるようになりましたし、健康意識も高まっていて、遺伝子組み換え食品や食品添加物に対してネガティブな印象をお持ちの人もいるようです。

しかし、そもそも、病気を引き起こすことがわかっているようなものは流通していません。子どもから老人まで、もちろん妊婦も含めて、**全年齢を対象に安全性が確保**

されているものが売られています。

遺伝子組み換え食品は、小麦であれば害虫除去などを目的として生まれています。日本でも最近はプラントベースフードとして、遺伝子組み換え食品の需要が増えてきました。特に大豆ベースのものは日本人にはなじみ深いので、今後も増加していくでしょう。

食品添加物は、さまざまな試験をした中で、1日摂取許容量（ADI）、つまり人が一生食べ続けても健康への悪影響がないと認められた1日当たりの摂取量が定められています。

さらに、さまざまな食品から摂取してもADIを超えないようにと配慮された上で市場基準が設定されています。

普通の食生活をしていれば、健康に悪影響はないでしょう。

むしろ妊娠中は初期にはつわりがありますし、それ以降も体の変化で精神的な負荷がかかることもあって十分な栄養が摂れないこともあるのではないかと思います。**加工食品に頼っても問題ありません**ので、デリケートになってストレスをためるようなことなく、健やかに日々を送ってほしいと思います。

Q マグロや青魚を食べると異常児になる？

A まだ明確にわかっていない

魚に含まれているメチル水銀は胎盤を通過して胎児に移行するため、胎児の発育に悪影響を及ぼすのではないかという恐怖心があるようです、

確かにメチル水銀は心配といえば心配で、米国では「妊娠中の女性の魚介類摂取量は週340g（切り身で3〜4切れ程度の量）に制限すべき」との勧告もあるようです。しかし、メチル水銀の影響がどれほどなのかは、まだはっきりしていません。

一方で、魚にはDHA（不飽和脂肪酸の一種でヒトの脳の発達には欠かせないもの）が豊富に含まれているため、認知機能の向上につながり頭が良くなるという見解もあり、**アメリカ疾病予防管理センター（CDC）やアメリカ食品医薬品局（FDA）は妊婦の魚の摂取を推奨しています。**

スペインの環境疫学研究センター（CREAL）からは、**妊婦が魚を週平均500gほど食べると、胎児の認知機能が高まり自閉症などの発達障害が起こりにくい**という研究結果が発表されています。10gずつ増やしたところ、600gまでは増やすほどに認知機能が高まったものの、それ以上ではさらなる認知機能の向上は確認されなかったそうです。

魚をたくさん食べれば天才になるということではないようですが、ある程度までは積極的に食べるといいのではないでしょうか。

DHAを摂取するには、脂質の多い大型の魚を食べるのが効率的ですが、大きい魚はメチル水銀の含有量が多いので、**鮭やナマズなど、浅いところに棲んでいる魚を選**

ぶのが良いでしょう。それらを程よく食べると、異常もなく、頭の良い子になるのではないかと思います。

なお、魚には細菌感染の心配がありますので、妊婦さんは**加熱してから食べるようにしてください**。

Q コーヒーは絶対NG?緑茶に変えるべき?

A 1日2~3杯であれば飲んでも問題なし

妊娠したらコーヒーを飲んではいけないというのは、コーヒーがカフェインを含んでいるためです。**カフェインは、流産や死産、低体重児、精神発達の遅れなどにつながる恐れがあると言われています**。加えて、母体の神経を興奮させるため、めまいなどを引き起こす可能性もあるでしょう。

そして、コーヒーに含まれる**ポリフェノールも子宮を収縮させる**ため、後期に摂取すると早産につながることがあります。また、胎児の心臓の動脈管は生まれてから閉

じるのですが、動脈管早期収縮が起こり、生まれる前に閉じてしまう可能性がありま
す。生まれる前に閉じると、胎児機能不全となり、胎内死亡を起こすこともあり非常
に危険です。

コーヒーと同様、実は**緑茶もカフェインが多いので控えてほしい**と思います。紅茶
も、カフェイン・ポリフェノール共にコーヒーと同程度含まれています。

お茶なら、番茶やほうじ茶を選ぶとよいでしょう。カフェインが含まれていません。
ハーブティーは基本的にノンカフェインですが、中にはルイボスティーやハイビス
カスティーなど、ポリフェノールが多く含まれているものもあるので注意が必要です。

ここまで、「飲んではいけない」を中心に紹介してきましたが、**1日200～300ccくらいなら胎児への悪影響はない**といわれていますので、2～3杯であれば妊娠中も飲んで構いません。

朝や仕事の合間などに、少し飲む分には問題ないでしょう。

Q 大豆製品や大豆イソフラボンのサプリメントは早産につながる?

A 大豆製品は食べてよし、サプリは不要

大豆そのものは、日本ではずっと昔から食べられてきた良質な植物性たんぱく質を含む食べ物ですし、納豆や豆腐などの加工品を含めて、食べても問題ありません。大豆には遺伝子組換え食品もありますが、先ほどお話しした通り、それも心配ないと考えています。

「早産につながるのでは」といううわさが生まれているのは、おそらく大豆イソフラ

ボンが女性ホルモン、特にエストロゲンに似た構造を持っているためでしょう。

エストロゲンは妊娠中期から出産まで濃度が高まる特徴があり、子宮収縮を引き起こす作用を持っています。

しかし、**大豆イソフラボンが子宮収縮を引き起こすか、すなわち早産につながるかははっきりわかっていません。**過度に恐れる必要はないのではないかと思います。とは言っても、エストロゲンに似ているとなると大量摂取すれば早産になる可能性もゼロではありませんので、**過剰摂取は避けたい**ものです。

よって、普通の食生活に上乗せしてサプリメントを摂取する必要はないだろうと思います。意味がありませんし、推奨もされていません。

しかしながら繰り返すようですが、大豆製品を普通に食べる分には問題ありませんし、むしろ良質なたんぱく質を摂取できます。あえて控える必要はありませんので、いつものように食べてもらえたらと思います。

Q 妊娠糖尿病対策には糖質カットが一番？

A 糖質だけでなく脂質の摂り過ぎにも気をつけること

まず、妊娠糖尿病についての説明から始めましょう。

妊娠糖尿病とは普通の糖尿病とは異なり、妊娠中に糖代謝異常を引き起こし血糖値が上昇する病気です。妊娠するとインシュリンの働きが低下するため、普通の状態では糖尿病にならない人でも、妊娠時は糖尿病になる可能性があります。症状としては、妊娠糖尿病も普通の糖尿病も同じです。

妊娠糖尿病が厄介なのは、合併症が起こりやすくなることです。

妊娠高血圧症候群、尿路感染症、網膜症や腎症も、糖尿病になると発症リスクが高まりますし、流産や早産になる可能性も上がります。

妊娠中の過度な体重増加や急激な体重増加が妊娠糖尿病を発症する要因だと考えられていますので、予防するためにはバランスの良い食事をとり、適度な運動を心がけることが大切です。

新生児は4000g以上の巨大児になりやすく、出産後に低血糖や新生児黄疸などのリスクが高くなることが知られています。妊娠糖尿病の巨大児は、**体重は重くても臓器未熟性が強く、**胎児機能不全を起こしたり、悪くすると胎内死亡となったりすることもあるのです。

母体の血糖値が高いと、胎盤を通じて大量の糖分が胎児に流れ込み、胎児の血糖値も上昇します。すると、**強力な成長因子の一つであるインシュリンが過剰に分泌されてしまい、**過度に成長が促されてしまうためです。

病院や診療所では生まれる前から推定体重を測っており、巨大児の場合はあらかじめわかっていますので、肩甲難産など起こさないように万全の分娩準備をして臨みます。場合によっては帝王切開になることもあります。

妊娠糖尿病になりやすいのは、次のような人です。

- 高年齢妊娠の人
- もともと肥満な人
- 運動不足な人
- もともと糖代謝異常のある人
- 糖尿病とは診断されてはいないものの一歩手前のような状態の人

ちなみに**初産婦よりも経産婦のほうが発症しやすい**ので、二度目、三度目だからといって油断は禁物です。

妊娠糖尿病対策には糖質カットが一番かと思われるかもしれませんが、結論としては糖質だけを意識するのではなく、**摂取カロリーを増やさないことが大事**になります。

もちろん、炭水化物を摂り過ぎてはいけませんが、糖質だけでなく脂肪分の多い食べ物や飲み物も多過ぎることなく、バランスの良い食生活を心がけてほしいと思います。

理想は、炭水化物：たんぱく質：脂質の割合が50％：30％：20％の配分です。完璧に合わせるのは難しいでしょうが、意識するだけでも違ってくるのではないかと思います。

なお妊娠糖尿病になると、まずは食事療法と運動療法で対処しつつ血糖値を測りながら様子を見ますが、それでもダメならインシュリン療法となります。

インシュリン療法は注射で行いますので、自己注射をすることになります。

妊娠糖尿病を放置していると母体だけではなく胎児にも影響が出るため妊婦検診を

定期的に受けることが大切です。

なお、妊婦健診は義務ではなく推奨で、受けるかどうかは本人の自由です。しかし、行政から割引券や補助券が出ていて、安く受けられるようにもなっていますので、母体と胎児の安全のためにぜひ活用して受診してください。

◆ 図8　妊娠糖尿病の診断基準

①空腹時の血糖値で診断

正常で80～90mg／dl

125mg／dl以上。妊娠糖尿病と診断される可能性が高い

→100mg／dl以下になるまで治療を続けることが一般的

＋

②HbA1c（ヘモグロビン・エーワンシー）で判断

正常値は5.9％以下。

6.0～6.4％は予備軍

6.5％以上妊娠糖尿病と診断

6.5％以下を目指して治療

Chapter 4

妊娠中の母体と胎児のホント

Q つわりなしは危険信号？

A 最初からなければ問題なし

つわりの原因は、まだはっきりとしていませんが、体内のホルモン量が急激に変化することが理由ではないかといわれています。

程度の差はありますが、つわりはほとんどの人が多少なりとも経験するのが普通で、症状が出るのは50〜80％とされています。つまり、残りの人たちは**症状がないかある いは自覚していないか**ですので、つわりが最初からないのであれば、なくても問題はありません。

一般的なつわりの症状としては、早朝空腹時に悪心、嘔吐、食欲不振などを起こします。

中には、吐くほどに食べたくなるような「食べづわり」もありますが、いずれにしてもつらいものだと思います。**全くつわりを感じない人もいますが、その人たちはつわりの苦しさや辛さを経験せずに妊娠初期を過ごせて幸せです。**

つわりは通常6週ごろから始まり11週ごろに終わることが多く、長引く人でも16週ごろには治まります。

時には食事も睡眠も取れない状態になることもあり、体重が5％以上減ると重症妊娠悪阻という病名が付き、そうなると1日2000cc程度の点滴療法を施し、水分不足を補います。大抵の人は時期と共に改善しますが、中には肝機能が悪くなり、胎児どころか母体の生命も怪しくなるので、人工妊娠中絶を余儀なくされることもあります。無理に妊娠を続けると、ビタミンB1欠乏症のウェルニッケ脳症や脳性麻痺などの後遺症を残すこともあり、最悪の場合は母体死亡も起こります。

妊娠初期に腹痛や出血を訴えて来院された場合、医師が「つわりはまだありますか?」と聞きますが、「つわりはある」と答えられれば、たぶんまだ大丈夫だと思いながら診察します。しかし、「もうつわりも消えた」と言われると流産してしまったかもしれないと考えながら診察に当たります。

普通につわりのあった人が急になくなった場合は、胎内死亡の危険性がかなり高いのです。

Q 妊娠後期に入って胎動がなくなるのは異常?

A 半日で一度も胎動を感じないなら医師に相談を

胎児は7週ぐらいから子宮の中で動いていますので、胎動そのものはあり、ポイントは母親が感じるかどうかだろうと思いますが、その時期は初産の人は妊娠20週程度、経産の人は18週程度といわれています。

個人差はあるので何週までに感じないと異常とは決めつけられませんが、21週を超えても感じなければ、胎児に何らかの異常が起きたか、成長していないのか確認が必要になると思います。

胎児は20〜40分間隔で寝たり起きたりを繰り返していて、起きているときはしっかり動いています。しゃっくりをしているような感覚があるときは、胎児が呼吸の練習をしていると思っていいでしょう。ふふっとするのが、しゃっくりのように感じられるようです。

しかし**後期に入ると、頭位では児頭が固定するので弱く感じることもあります**。胎動をしばらく感じていないと思ったら、胎児の様子を気にかけるようにしてください。胎児が動いていれば、弱くても感じることはできるはずです。

安静にして胎児の動きを感じようとすると、強弱ありますが、**30分で10回感じるのが一般的**だとされています。仕事や家事をしているとそこまで感じられないかもしれませんが、3時間で10回ほどは大きく動くといわれています。

安静にしても感じられない場合や、半日で一度も感じられないときは、健診の日になっていなくても医師に相談してほしいと思います。消化管閉鎖で胎児の飲み込む力がなくなっていることもありますし、羊水過多や羊水過小の関係で動かなくなることもあります。また、胎児胎盤機能不全になっているかもしれません。

まずは早めに連絡してください。来院してもらうことになると思いますが、超音波検査やノンストレステスト（ＮＳＴ）で、胎児が元気かどうか判断します。

胎児の状態によっては帝王切開で出さなければならないこともあるかもしれません。

お産が近づいてくるとさまざまなことが起きますので、胎動は気にかけるようにしましょう。普段と違うと感じたらすぐに相談してください。

Q 逆子は逆立ちで治る？

A 治らないし、危険なので逆立ちはしないこと

胎児は頭が一番重いため、重力の関係で通常は頭が下（頭位）になりますが、時に頭が上になっていることがあり、それを逆子（骨盤位）と呼びます。

しかし、逆立ちで逆子が治ることはないでしょう。むしろ、お腹が大きくなると体の重心も変わりますし、転んだりしては大変ですから、逆立ちをするのはやめてほしいと思います。

そして、もし**逆立ちをしたら、胎児の頭が余計、上に上がってしまうでしょう。**

頭が上にある原因の一つとして、臀部と足部が骨盤にはまっている可能性が考えられますので、逆立ちから戻るときに骨盤にはまっている部分が浮上して動きやすくなって、コロンと頭が下にいく可能性もあるのかもしれません。しかし、そういった事例は文献を調べても見つかりません。

逆子といっても理由はさまざまで、骨盤や子宮の形などでいつも逆子になる人もいますが、胎盤の位置や臍帯巻絡《さいたいけんらく》（胎児の首や手足、胴体などにへその緒が巻きついている状態）などが原因で偶然なることのほうが多いです。

以前は、骨盤位のときに、骨盤高位の姿勢を取って外回転術という方法で逆子を治したこともありました。

骨盤高位とは、仰向けに横たわってお尻の下にクッションや座布団などを敷きお尻を高くして、骨盤から胎児が浮上するようにする姿勢です。しかし、外回転術は破水や胎盤早期剥離など合併症が伴うため、最近はあまり行われていません。

◆ 図9　胸膝位

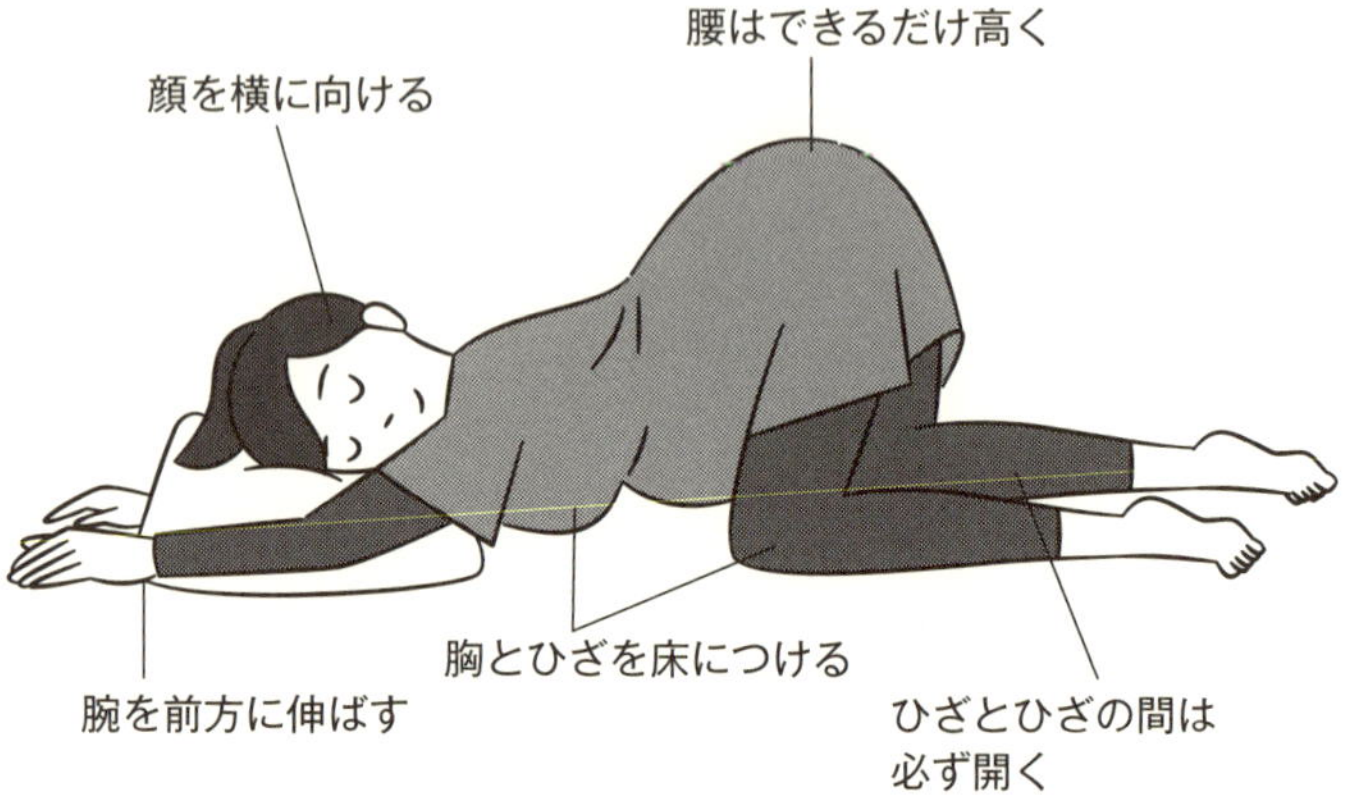
腰はできるだけ高く
顔を横に向ける
胸とひざを床につける
腕を前方に伸ばす
ひざとひざの間は
必ず開く

危険なく逆子を治そうと思うなら、胸膝《きょうしつ》位《い》の姿勢を10〜15分キープした後、児背を上にしてゴロンと横になる逆子体操をしてはどうでしょうか。

胸膝位は、四つん這いの姿勢から頭と胸を床につけ、膝を立ててお尻を高くするポーズで、この時胎児の殿足部が骨盤から自然に下に向かうよう促してくれます。10〜15分後、胎児の背側を上にしてゴロンと横になるとその反動で児頭が骨盤に落ち込むのを期待する方法です。ただし、成功率はあまり高くはありません。

しかし、逆子と言われてもそこまで心配する必要はないでしょう。**7カ月ごろまで**

は胎児の3割は逆子ですが、出産時には4％まで減り、ほとんどの場合が直るためです。

逆子の出産で危険なのは、胎児の体の中で最も大きい頭が最後に出てくることです。小部分が先に出て最後に後続児頭が引っかかる状態になる、つまり、**頭が引っかかるところまでお産が進むと、すでに胎児は呼吸をし始めています**し、それから帝王切開では間に合いません。

そのため、当院では妊娠36週の時点で骨盤位なら、陣痛が来る前に予定帝王切開をすることにしています。

しかしながら、「逆子なので帝王切開で進めましょう」と話していても、**陣痛はいつ始まるかわかりません。**

陣痛が来たと思ったらなるべく早く病院へ来てください。手術の準備が間に合えばできるだけ緊急帝王切開で娩出したいからです。

陣痛も強く、排臨（お尻や足、先進部が膣口に見え隠れする状態）や発露の状態になっていたらもはや帝王切開は間に合いませんので、経膣分娩をするほかありません。その場合は骨盤位牽出術という特殊な産科手術で娩出させます。

骨盤位牽出術はまず臀部を牽引し、横8の字法で肩甲、上肢を娩出させ、ファイトスメリー法で後続児頭を娩出させる方法です。

わかりやすく言うと、まずお尻、胴体を牽引して引っ張り出し、肩と上肢を数字の8の字のように回転させながら出します。肩まで出たら最後は頭なのですが、頭を出すにもテクニックが必要で、顔が下向きになるように導き、最後は口の中に指を入れて上方に引き出します。これをファイトスメリー法と言います。

最近は大学病院でも骨盤位牽出術の機会が少ないので、今や若い産婦人科医は骨盤位を引けない医師が多くなってしまいました。もちろん大学でもこういったテクニックは、ファントーム（人体の模型や人形）を使って練習もしてはいるのですが、ファントームは実物とは違いますし、実際にやってみないとわからないだろうと思います。

突然こんな事態に遭遇したらどうするのでしょう。心配です。

特に前回普通分娩だった経産婦さん達は、経験がある分のんびりしがちですが、お産の進行が早いので気をつけてほしいと思います。

むくんでいるときは飲み物の量を減らすべき？

A まずは食事療法。水分の量も減らす

一般的に浮腫（むくみ）の原因は、妊娠高血圧症の症状の一つとして主に下肢に出ることが多いです。軽症の場合はまず食事療法として塩分や水分を減らす減塩水を指導します。そのため飲み物の量を減らすことになります。これで一定の効果は出ます。

一方で妊娠中は、ホルモンバランスの変化で、体内に水分や栄養がたまりやすくなるため、水分貯留量が増えます。その上、子宮による圧迫で血流が悪くなるので、下

肢がむくみやすくなります。その場合は飲み物の量を特別に減らす必要はないでしょう。

また、胎児に栄養や酸素を供給したり、出産時の出血に備えたりするため、**妊娠32週ごろには妊娠前と比較すると血液量が1・4〜1・5倍に増加します**。血液中には水分も含まれていますし、生理的にもむくみが起こりやすくなるのです。

重症の妊娠高血圧症の場合は減塩水食事療法だけでは効果が出ないので、降圧剤や利尿剤による治療をすることになります。なお、妊娠高血圧症の3大症状は高血圧、蛋白尿、浮腫です。

妊娠初期から塩分、水分の摂り過ぎには気をつけましょう。

Q 太り過ぎると難産になる？

A 難産になる可能性は上がる

確かに、太り過ぎると難産になる可能性は上がるでしょう。

太り過ぎは〝カロリーの摂り過ぎ〟を意味しているので、母体だけでなく、胎児も大きくなります。巨大児ともなれば産道を通りにくくなり、お産に時間がかかり難産になります。普通分娩時間は初産で30時間、経産15時間以内ですが、遷延分娩となって、それ以上かかる可能性があります。

太るときは、お腹や太ももなどさまざまなところに脂肪がつきますから、**股間が開**

きにくくなると、産道の開きの悪さにつながることもあります。さらに、産道の中にまで脂肪がつくと、産道そのものが狭まってしまいます。

妊娠中の過剰な体重増加は、妊娠高血圧症候群や妊娠糖尿病のリスクも上がりますから、それによる難産も招きやすくなります。

妊娠後期は、1週間の体重増加は500gにとどめ、**全妊娠期間中で10kgの増加となるよう心がけてほしい**と思います。


ちなみに、太り過ぎると出産後も元に戻りにくいようです。

授乳など赤ちゃんの世話で手一杯で、自分のことなど構っていられず、ダイエットなどしていられないのでしょう。中には体型まで変わる人もいるようですし、過剰に太っても良いことはないでしょう。


とは言うものの、最近は昔と比べて太り過ぎの人はかなり少なくなっているように感じます。以前よりも知識が蓄えられ、自己管理ができているのかもしれません。

Q 温泉に浸かると流産や早産になる？

A 温泉に入っても問題ない

温泉に浸かったことによって、流産や早産になったという報告はありませんし、妊娠中でも温泉に入って問題ないと思います。温泉の成分である塩分、銅、鉄、硫黄などは母体へも胎児へも悪影響はないでしょう。

こういった疑問が湧くようになったのは、おそらく1948年に作られた温泉法という法律で、妊婦の温泉の利用が禁忌とされていたためでしょう。

なぜ禁じられていたのか、明確な理由は明らかになっていませんが、当時は今ほど衛生状態が良くなかったでしょうし、温泉地の環境も整っていなかったためではないかと思います。実際、「妊婦はご遠慮ください」と書かれている温泉施設も以前はありました。

しかし、**2014年に温泉法が改正され、妊娠中を禁忌とする記述は削除されました。**

温泉は、じんわりと体を温めてくれますので、心と体の緊張がほぐれるでしょうし、ストレス解消になっていいだろうと思います。

ただし、**サウナは多量に発汗するので血液が濃縮されたり腎臓に負担がかかったりするため控えたほうがいい**でしょう。妊娠中は血流が多くなっていますから、のぼせることのないよう長湯も控えてください。

また、床の材質や泉質によっては滑りやすくなっているところもありますので、転倒にも注意してください。移動する際は、手すりを持ったりゆっくり歩いたりなど安全に留意してもらえたらと思います。

Q 里帰りのときは飛行機ではなく電車？

A 近場なら電車、遠方なら飛行機がおすすめ

前提として、座席に長時間座って足を動かさないでいると、血流が悪くなる、いわゆるエコノミー症候群のリスクがありますので、電車にしても飛行機にしても**乗っている時間の短い移動手段を選ぶのがいい**だろうと思います。よって、近場に帰るなら電車、遠方なら飛行機がおすすめということになります。

近くなら電車のほうが飛行機より動きやすいですし、診断書も要らないし無難でしょう。飛行機は、気圧の変化によるトラブルを懸念される人もいるかもしれませんが、

気圧は調整されていますし、短時間であれば負担も軽いため問題ないと思います。長時間電車に乗るほうが、その間に何か起こる可能性だって否めませんし心配です。

一般的に9カ月以降に里帰りすることが多いようですが、できるだけ早く帰るほうがいいでしょう。医師の立場としては、遅くとも**36週までには帰ってもらいたいと思います。**

36週以降で飛行機を利用する場合は、航空会社へ医師による診断書を提出しなければなりません。

経産婦さんは子どもの関係で、里帰り出産を選ぶことが多いようです。そうすると「前回も大丈夫だったし、多少、遅くてもいいだろう」と思いがちなようですが、電車にせよ飛行機にせよ、早いに越したことはありません。

受け入れる側の病院としても、紹介状で経過を知ることはできますが、いきなり陣痛で来院となると慌てます。せめて1～2回は受診していただき、妊婦さんの状態がわかれば分娩方式なども決めやすくて安心です。

Q お腹が大きいと難産になる？

A 難産になる可能性はある

母体の体質や体型によっては、単にお腹が大きくなっているだけで、スムーズに産まれることも中にはありますが、どちらかというと、お腹が大きいほうが難産の傾向にあるとは思います。

一般的には、お腹が大きいと胎児が育ち過ぎであることが多く、前述したように巨大児（4000g以上）は難産になりやすいのです。他に異常がなくても巨大児で難産になることを肩甲難産といい、頭は出ても肩が引っかかって出てこられないお産です。

妊娠中期以降は、妊婦健診で胎児の推定体重を測り、育ち過ぎている場合は母親の体重制限を指示する場合もあります。

母体の体重増加量は2週間で1000g増くらいになるのが理想です。また、肩甲難産の可能性を予測するため、骨盤の大きさや赤ちゃんの頭の大きさも測ります。

多胎妊娠のときもお腹は大きくなります。胎児一人ひとりはそれほど大きくないものの、続けて産まなければならないので、胎児にとっては単胎妊娠よりもリスクがあるといえるでしょう。また、早産にもなりやすいので未熟児の心配も加わります。

母体が太り過ぎて、お腹が大きくなるパターンもあります。母体の太り過ぎも妊娠高血圧症や妊娠糖尿病を招きやすく合併症を招きやすくなりますし、太ももや産道に脂肪がつくと難産になることがあります。

もし経腟分娩が難しいかもしれないとなれば帝王切開になります。帝王切開は経腟分娩よりリスクが高いので、そうならないように**赤ちゃんもお母さんも育ち過ぎないように気をつけましょう。**

Q 母親が病気のときは胎児も同じ病気にかかっている?

A インフルエンザも新型コロナウイルスも胎内感染しないが、うつるものも一部ある

一般的には、**胎盤がバリアとなり病原菌やウイルスが胎児へ届かないようになっています**ので、母親が病気になっていても、胎児も同じ病気にかかっていることは少ないといえます。

インフルエンザや新型コロナウイルスとなると心配されるかもしれませんが、いず

れも胎内感染は原則ないとされており、出産前は母体への影響しかありません。

コロナ禍中、母親がコロナに感染している最中で陣痛が起こると、帝王切開になることが多かったのは、医師や看護師への感染を防ぐ目的もありましたが、産道感染が心配だったことが主要因です。


ただし、病気の種類によっては胎盤を通ってしまうものがあり、そうすると胎児にも感染してしまいます。

胎児感染の可能性のある病気の中で、特徴的なものをいくつか紹介します。

〇風疹症候群

風疹症候群は、妊娠初期に母体が感染すると50％ほどの確率で胎児が先天性風疹症候群になり、難聴や心疾患、白内障、知能障害を起こすことがあります。母親は発熱程度で済みますが、胎児にとっては重大な病気です。

なお、**4カ月に入ると胎児の感染リスクは10％まで減り、5カ月以降はあまり影響を与えない**と言われています。

妊娠中はワクチンを打てないことになっていますので、風疹の抗体がない場合はワクチンを打ってから妊娠するのが理想です。しかしながら、そういうときばかりではないでしょうから、風疹の抗体を持っていない母親は、妊娠初期は風疹にかからないよう特に注意してほしいと思います。

風疹は子どもがかかりやすい病気ですので、**子どもの多い場所は避けるようにして**ください。

○梅毒

梅毒は、子どもには影響がありますが、孫には影響のない病気です。**母親が親から感染した先天梅毒は胎児に感染しません**が、妊娠前や妊娠中に梅毒にかかった場合は胎児が先天梅毒になります。

運が良ければ先天梅毒になっても無事に生まれてきますが、時には胎内死亡や発育不良を起こすことがあります。

なお、**母親がかかってから胎児にうつるまで6週間かかりますので**、感染したタイミングが産む直前であれば、胎児には感染しないだろうと思います。

◯トキソプラズマ

トキソプラズマは、3分の1程度の確率で母親から胎児に感染するといわれています。胎児がトキソプラズマにかかると、先天性の網膜炎を起こす程度で済む場合がほとんどですが、重篤だと胎内死亡することもあります。

トキソプラズマが厄介なのは、**母親はほとんど無症状で、自覚しにくいこと**です。猫などの動物からうつるといわれていますので、妊娠がわかったら近づかないようにしてほしいと思います。

とは言っても、昨今はトキソプラズマにかかる人はほとんどいませんので、そこまで気にしなくてもいいでしょう。

胎内感染はしないものの、産道感染の可能性のあるものの中にも、気をつけてほしいものがありますので、あわせて記します。

産道感染のリスクのある病気をわずらっているときは、破水する前に帝王切開をし、胎児が産道を通らないようにするのが一般的です。

いずれも、妊娠初期の血液検査で感染しているかを確認します。

○B型肝炎

B型肝炎のキャリア（免疫機能が未熟な乳幼児のときにB型肝炎ウイルスに感染し、中和抗体ができずウイルスが肝臓内で増えて、血液中にも出ている状態）かどうかは、血液検査でわかります。HBs抗原陽性となる母親は2〜3％存在します。

生まれるときにB型肝炎に感染すると、胎児は95％ほどの確率でキャリアになり、後々、慢性肝炎や肝硬変、肝がんに進むことがあります。

○性器ヘルペス

性器ヘルペスのほとんどは産道感染ですが、胎内感染することもゼロではないようです。新生児ヘルペス症になった場合の死亡率は、70～80％です。

○ＨＩＶ

ＨＩＶにかかると、髄膜炎や、未熟性が強いと敗血症になることがあります。

妊婦が陽性の場合は、治療しながら胎児感染を防ぐことになりますが、ＨＩＶの人の妊娠・出産は特殊なので、専門の医療機関にかかることになります。

Chapter 5

出産のホント

Q 公的病院と私的診療所はどっちが良い？

A まずは近隣の私的診療所へ行くのがおすすめ

公的病院と私的診療所はそれぞれに良いところがありますが、正常分娩であれば診療所のほうが居心地が良いのではないかと思います。**私的診療所は個人経営のため、さまざまな工夫がなされている**からです。

部屋のきれいさにも配慮されていて過ごしやすいですし、産後は母乳との関係で食への関心も高まるでしょうが、おそらく食事も私的診療所のほうがおいしいのではないでしょうか。

公的病院にはさまざまな科があることがほとんどですから、食事は産後すぐの女性向けのものではなく、どなたにも対応できるものが用意されることと思います。

なお、公的病院と私的診療所のお産比率は大体50％と同程度です。東京は公的病院が多いので、60％対40％ほどになっています。

公的病院の場合、約8割は異常分娩を扱うので、正常分娩の枠は2割程度です。そのため、公的病院は異常分娩の対応で医師も手一杯なのではないでしょうか。一方、私的診療所は正常分娩が多く、比較的、手厚く対応してもらえるのではないかと思います。

「私的診療所を選んだ後、何か異常が発見されたら……」と不安になるかもしれませんが、私的診療所では異常妊娠の可能性が生じると公的病院を紹介します。

まずは地域周産期母子医療センターにお願いをし、それでも危険が予測される場合は総合周産期母子医療センターに行くのが通例で、さまざまなケースに対応するためのシステムが整っていますので、まずは近くの私的病院や診療所にかかるのがいいのではないかと思います。

Q 無痛分娩は危険？

A 無痛分娩の安全性は高まっている

無痛分娩に限らず、**余分な操作を加えればそれだけ不測の事態も増えます**。そのため、できることなら陣痛の痛みに耐えて、自然分娩で自分の力で産んだほうがいいとは思います。

しかし、現代の女性は痛みに弱く、陣痛の痛みに耐えられない人が増えてきたように感じます。「もうダメ。我慢できない。切ってください」と弱音を吐く人も少なくありません。確かに**陣痛は人が耐えられる最大の痛み**と言われています。我慢は難しいが失神はしないということです。

しかも一度や二度で終わるのではなくて、最強のときは俗に「1分1分」と言われる、ほぼ1分ごとに1分間ほどの痛みが連続します。それが、初産の人は約12時間、経産の人でも6時間ほど続きますので、本人にとっては際限なく続くように感じられることでしょう。

「子どもを産むんだ」という使命感がなければ、とても耐えられません。だから帝王切開してくれと言われても、無理はないことだとも思います。

しかし、分娩経過が順調で帝王切開にする必要がない場合は、妊婦さんに陣痛の痛みを感じさせないようにしてでも経腟分娩を続行したほうが安全です。

このために無痛分娩が考案されました。最初は笑気麻酔や簡易全身麻酔などさまざまな方法がありましたが、今はほとんどの施設が硬膜外麻酔で無痛分娩を実施しています。

硬膜外麻酔は、脊椎（背骨）の中にある脊髄のすぐ近くの硬膜外腔にチューブを挿入し、持続的に麻酔剤や痛み止めを点滴で注入する方法です。

◆ 図10　硬膜外麻酔の仕組み

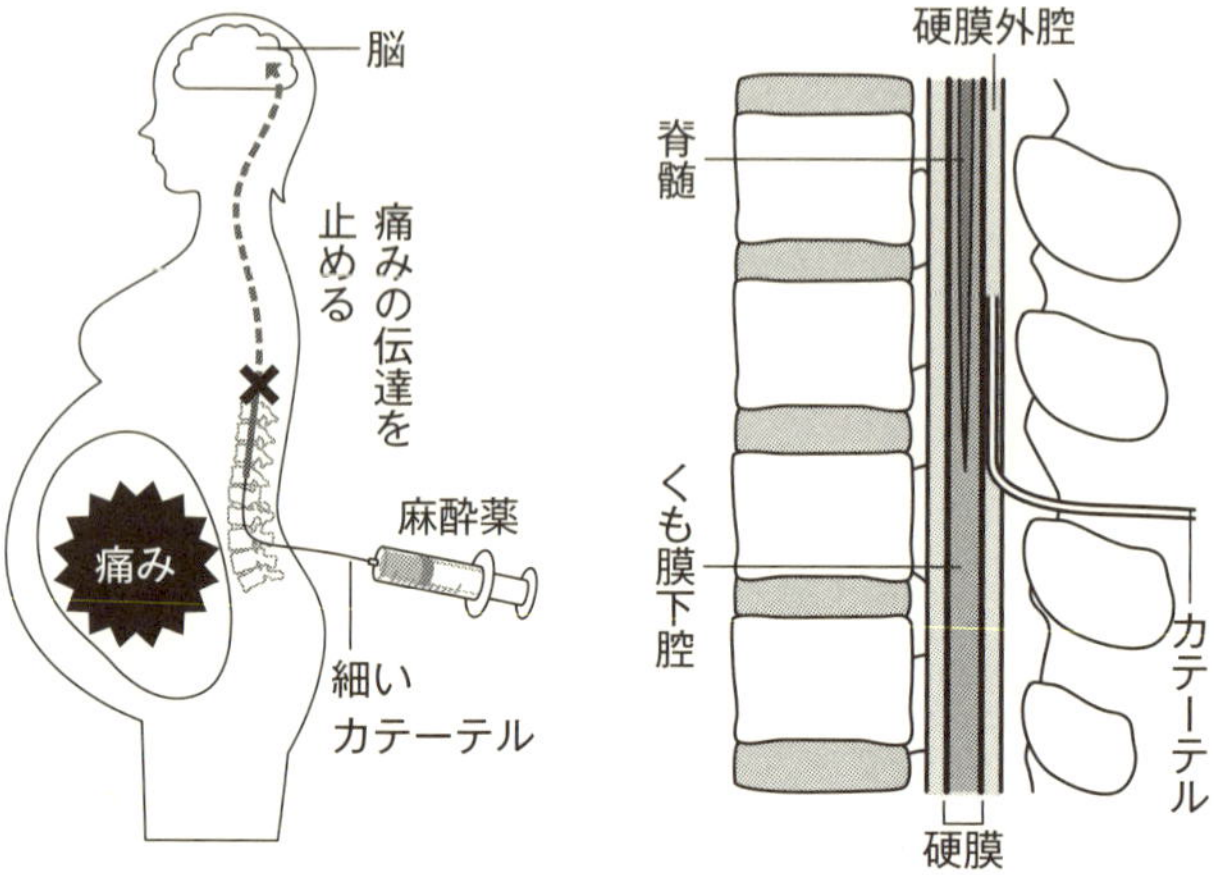

硬膜外麻酔は局所麻酔ですので、妊婦さんは**意識があり陣痛の感覚も多少はあります**し、痛みを自己調整できるため、最後に痛みを感じていきむように調整することも可能です。

一方、胎児には麻酔がかかりませんから、スリーピング・ベビー（母体に投与した薬剤が胎児に移行したため、出生直後に新生児が眠っているような状態）など、胎児に影響を与えることもありませんので大変優れた方法です。

精神的にも肉体的にも楽になり、痛みがないほうが次の出産にも前向きな気持ちを抱けるでしょうから、少子化対策につながるかもしれません。
妊婦さんが無駄にいきむこともありませんし、かえって**分娩経過がスムーズに進むこともあります**。ただ、痛みがないので最後の排臨、発露のタイミングで思い切りいきめず、鉗子分娩や吸引分娩になることが、特に初産の人にあります。

しかしながら、硬膜外カテーテルの挿入にはかなり熟練したテクニックが要ります。上手に硬膜外まで入れることも難しく、入らなくてやり直すならまだいいですが、射し間違えたところが悪いと、神経麻痺などの後遺症が生じることもあります。以前は、注入薬によるショックもありました。

しかし、**現在は産科麻酔認定医が施術を行いますし、薬剤の安全性も向上していますので**、滅多に副作用は起きません。後遺症が生じる確率も１％未満まで低下しています。

日本では無痛分娩はまだ10％以下ですが、国によっては80％を超えているところもあります。

日本人は利益よりも、リスクのほうが頭に残りやすいのかもしれません。「無痛分娩も検討しておきます」と言っても決心のつかない人が多いようです。

ただ、陣痛の痛みを我慢して余分な無痛処置を受けなければ、まれとはいえ、それによる副作用も起こらないわけですし、リスクが頭に残ることが良くないということでもないでしょう。

冒頭で言ったように、何か処置をすれば不測の事態が起こる可能性は生じますので、我慢できるのであれば無痛分娩もしないほうが、安全です。

余談ですが、最近は計画無痛分娩が流行っています。計画無痛分娩とは、産みたい日を決めて、その日に硬膜外麻酔を使って痛くなく産むという方法です。

ただ、これも子宮頸管の熟化に合わせて日程を決めないと思うようにいかず、日にちが延びて、その挙句に胎児の容態が悪くなり帝王切開となることもあります。

Q これからは自宅分娩の時代？

A 自宅分娩はリスクが高い

太古の昔はもちろん、第二次世界大戦の後も、ほとんどの日本家庭は自宅分娩が当たり前でした。妊婦さんは陣痛が来るまで普通に暮らし、分娩陣痛がきたなと思ったら、いわゆるお産婆さんを自宅に呼び介助してもらって産むのが一般的でした。

難産になってなかなか娩出できないと、産婦人科の医師（主に開業医）が呼ばれて自宅へ往診に駆けつけ、鉗子分娩などの産科手術をして分娩させるといった状況でした。

1930年代までの乳児死亡率は1000分の100ほどで、10人に1人は1年以内に亡くなっていました。母体死亡率に関しても、1947年の統計で10万分の160と、500人に1人は産後の肥立ち（出産した女性の体が、日増しに健康を回復すること）が悪くて亡くなっていた状態でした。

当時は、知り合いや親戚の中に赤ちゃんを亡くした人は当たり前にいましたし、中には妊婦さんの死を経験した人もいたと思います。私の中学校の同級生にも、お産が原因で亡くなった人がいました。

お産というのは、女性にとって太古の昔までさかのぼらなくても、終戦後のつい70〜80年前でも命を懸けた大事業でした。

その後、産科学の発達や医療施設の開設などによって、専門の病医院で医師、助産師の管理のもとで出産する施設分娩が増えていきました。

今では99％が施設分娩です。その結果、乳児死亡率、母体死亡率ともに反比例して下降し、現在は乳児死亡率が1000分の1・8程度、母体死亡率に至っては10万分の2・7まで減りました。これは、世界でもかなり優秀な数字です。

こうなったことによって、「どこで産んでも安全だから、付加価値の高いお産をしたい」という自宅分娩神話のようなものが生まれたのだと思っています。

確かに、施設分娩ではある程度の制約があります。例えば、家族の面会制限や陣痛室管理、仰臥位による分娩台管理など。それに抵抗のある人が自宅で自由に分娩したいということで、一部で自宅分娩が推奨され出しているのでしょう。実際に、2023年の自宅分娩は3年前の2020年より3%程度増えています。

ただし以前に比べて、**決してお産が簡単になったわけではありません**。逆に高齢出産が増えた分、難産が増えているのが現状です。もし戦後までのような自宅分娩のかたちを取れば、乳児死亡率や母体死亡率は当時よりもっと上がるでしょうし、異常の数も増えるだろうと思います。産科医療が進歩したとは言っても、お産そのものの危険度は、100年以上前から変わらないのです。

もしも自宅分娩をするならば、それなりの設備を自宅に用意して、専属の医師と助産師、看護師などとも契約する必要があり、費用も数百万円単位になるでしょう。それでも緊急の帝王切開はできないでしょうから、緊急送り先も手配してということになると思いますので、なかなか現実的ではありません。

私は聞いたことがありませんが、東京などの富裕層の中では、そんなお産が流行っているのでしょうか。

それより**産科専門病院の特別室を予約し、ある程度、自分の希望を申し込んで、最高の分娩介助を受けたほうが快適ですし、しかも安全安心なお産ができる**だろうと思います。

予定日を過ぎても陣痛が来ないときは、散歩やストレッチをすべき？

A 37週に入ったら散歩やストレッチをするのがいい

妊娠37週0日から41週6日までを「正期産」といい、そのほぼ中間に位置する40週0日を「予定日」といいます。正期産より早く生まれれば「早産」、42週以降に生まれれば「過期産」といって予定日超過となります。

予定日を過ぎたら急に難産になるわけではありませんが、**42週を超えても妊娠が続くと胎盤機能が落ち、**結果として帝王切開などの産科処置をすることが時々ありますので、41週中には出産してほしいと考えています。

そのためには、予定日の頃に陣痛が来やすいように準備をする必要があります。胎盤機能が落ちる前に、子宮頸管軟化剤の投与や、陣痛促進剤による産科学的な処置をすることもできますが、散歩やストレッチも自分でできる有効な手段です。

昔から、安産のためにはとにかく歩けといわれています。それも**ゆっくりではあまり効果がなく、少し息が上がるくらいの速さで歩くのが良い**とされています。ストレッチであれば、骨盤ストレッチをするのが良いでしょう。四つん這い、あぐらを組む、骨盤揺らしなどの方法がありますが、いずれも骨盤の血行を促し、陣痛を起きやすくします。

正期産の内なら予定日より早く生まれても問題ありませんし、散歩やストレッチの実施は、予定日が過ぎてからではなく、もっと早くから、37週に入ったらすることが推奨されています。

Q お産が長引くと赤ちゃんが苦しい？

A 酸欠状態なので基本的には苦しい

お産が長引く原因は、母親側としては微弱陣痛、産道異常（骨産道の異常【狭骨盤】。軟産道の異常【子宮筋腫】）などが挙げられます。胎児側としては巨大児（4000g以上）や、水頭症などの胎児異常、回旋異常、高度の過短臍帯、臍帯巻絡、多胎妊娠などがあります。

赤ちゃんが苦しいかということでは、陣痛の際、赤ちゃんは一種の酸欠状態になるので、基本的には苦しいだろうと思います。**普通は間欠期（陣痛の発作がない期間）**

に回復しますが、長引けば切迫仮死状態になる可能性がありますし、分娩第２期（子宮口が全開大してから胎児が生まれるまでの期間）が長引けば、赤ちゃんは血流が悪く、呼吸のできない状態が続きますので、脳性麻痺の可能性も出てきます。

これらを防ぐために、各種の検査が行われています。

分娩前にはレントゲン撮影のグースマン撮影法やマルチウス撮影法で、児頭骨盤不均衡（ＣＰＤ）の有無を測り、赤ちゃんの頭と骨盤が均衡かどうかを確認します。超音波を使って、筋腫などの軟産道の異常がないか、胎児の大きさ（推定体重）、体位などを診るのも、お産がスムーズにいくかどうかを予測するためです。

分娩中は、ノンストレステスト（ＮＳＴ）で陣痛の強さと胎児の状態を継続的に管理します。陣痛が微弱で分娩遷延傾向（初産婦で30時間、経産婦で15時間を超えていること）にあるのなら、陣痛誘発を行います。**胎児切迫仮死兆候が出れば、帝王切開、鉗子分娩、吸引分娩などの急遂分娩を考慮します。**

Q 会陰切開が怖い！ 切開せずに済む事前トレーニングはある？

A ストレッチやマッサージをしてもいいが効果は不明

妊婦さんにとって、会陰切開は確かに怖いだろうと思います。切開せずに済めばそれに越したことはありませんので、助産師も医師も会陰の保護に重きを置き、なるべく伸ばすようにして頑張っています。

しかし、排臨（分娩の第2期。陣痛の発作時に胎児の後頭部が陰裂間に見え、陣痛の間欠期には見えなくなる状態）の頃になると、**これ以上は伸びない、裂傷が起こり**

そういうことがわかりますので、その場合は会陰切開をすることになります。

時には、胎児切迫仮死で早く赤ちゃんを娩出させたいときに、切開することもあります。

会陰切開の場合は安全な方向に切開しますので3度や4度の裂傷になることはほとんどなく、傷も直線的で傷痕もきれいに治ります。

自然裂傷の場合は、どこが切れるかわかりません。1カ所とも限らず、あちこちに傷ができる可能性もあります。大した裂傷ではなかったとしても、複雑に切れるため縫うのも大変ですし、きれいに治るとも限りません。

さらに重度の場合は、肛門括約筋（肛門を締めるための筋肉）や直腸膣中隔（直腸と膣壁を隔てる膜）の一部まで及ぶ第3度裂傷や、肛門粘膜並びに直腸粘膜まで裂傷してしまう第4度裂傷となることがあります。こうなると修復が大変で、便が膣から出てくるような後遺症が生じたりすることもあります。

もちろん、**切開するときは局所麻酔をしますので、切ることそのものはほとんど痛くはありません。**その点は安心してください。

そして、切開するのはお産の最後のところで、産婦さんが一番苦しく痛いときですし、おそらく「切開するのが怖い！」よりも「早く楽にして」という気持ちのほうが強いだろうと思います。

当院でも、初産の人の80～90％は会陰切開をしています。**経産の人は50～60％ほどの割合に減ります。**前回の分娩で、会陰部が進展した経験があるためです。

会陰切開、裂傷ともに避けたいということであれば、産道、特に会陰部の柔軟性を高めるようなことをするといいでしょう。

これが効果的という方法はなかなかないかもしれませんが、散歩やスクワットによって骨盤の骨格や筋肉を柔軟にするのは役立つかもしれません。

一度お産を経験した経産婦の切開率が低いということから、産道、特に外陰部、会陰付近を伸展させる訓練として膣・会陰マッサージをするのも良いかもしれません。膣は、細菌感染には強いところですので、しっかり手指消毒をすればクリームを使っても問題ないだろうと思います。

ただし、いずれも効果があるかどうかは不明です。

繰り返しとなりますが、会陰切開は産婦さんが一番苦しいときにする一瞬の出来事ですし、**お産の前に想像するほど怖くはありません**。何よりあなたと赤ちゃんの安全を確保するための処置ですので、我慢してもらえたらと思います。

Q やっぱり母乳じゃないといけないの？

A 人工乳でも異常なく育つので悩み過ぎないこと

母乳は、赤ちゃんにとってはほぼ完全栄養食です。たんぱく質、脂質、乳糖、ビタミンなど多くの栄養素を含み、**消化吸収も優れ、免疫も豊富にあります。**
母乳が十分に出て、母乳だけで乳児の栄養補給が可能ならば、赤ちゃんにとってはとても幸せなことですし、お母さんにとっても調乳の手間が省けるという利点があるだろうと思います。

自然の摂理はよくできていて、赤ちゃんが飲んで乳腺が空になると再生産を始めます。その他、**授乳には子宮の収縮を促進する効果や、排卵を抑える機能があります。**

次の妊娠の心配をせずに育児に没頭できるのは、お母さんにとってはありがたいことではないでしょうか。

当院でも、助産師が中心となって妊娠中から母乳の指導や援助をしています。妊娠中には胸のエクササイズ、生まれてからは繰り返し乳首を吸わせることで、母乳がスムーズに出るようサポートします。

しかし、母乳の出る人はいいのですが、努力しても母乳の出ない人、足りない人、あるいは成人T細胞白血病（ＨＴＬＶ１）キャリアなどで飲ませたくても飲ませられない人がいます。

そういった人たちが母親失格の烙印を押されるようなことは、あってはなりません。母乳が出ないためにうつになってしまう人もいますが、これでは結果的に育児に悪影響が出ます。

私は、**母乳育児は赤ちゃんにとって重要ではあるものの、すべてではない**と考えています。

30年以上前の話ですが、1989年にWHO・ユニセフから赤ちゃんに優しい病院（BFH＝Baby Friendly Hospital）の10カ条が発表され、〝母乳育児成功のための10カ条〟をクリアした施設をBFHとして認定する制度が始まりました。

当時は、多くの産院が認定を受けたものです。

WHOとユニセフが定めていますので、権威性がありますし、もちろんいい加減なものではありませんが、当院はあえて受けませんでした。

それは、10カ条の内容が母乳育児に偏り過ぎていて、運用の幅に余裕がないと考えたからです。極端なことを言えば、何がなんでも母乳でなければいけないといった母乳至上主義の考え方であるように感じられました。

もちろん、赤ちゃんの栄養として母乳が最適であることに、異存はありません。しかし、「母乳以外は悪。糖水、人工乳は拒否」というような発想には、私は違和感を持っています。BFH認定施設の医師や助産師の中には、母乳至上主義が高じて、その他を認めないとする考え方の人がおられます。

実際に、行き過ぎて**赤ちゃんが低血糖で痙攣を起こしたり、体重が過度に減少したりといった事例が出ました。**そのため、この運動は今ではあまり盛んではありません。母乳の出ない人は、悩まずに次善の策として糖水や人工乳を与えてください。それでも赤ちゃんは異常なく育ちます。

要約すると、母児管理に関する当院のコンセプトは、「母乳育児を第一に推奨はするが強制はしない」というものです。

母乳育児がうまくいかない人には、母親の希望や事情に合わせていくつかの選択肢を用意し、母親失格というような思いをさせない環境を作ることはとても大事だと思います。

Q 高齢出産はデメリットしかないの？

A 高齢出産も捨てがたい

今まで話してきたことと矛盾するようですが、**高齢初産は大変ではあるものの、それでもすてきだなと思う事例もありました。**守秘義務もありますので、フィクション風に紹介したいと思います。

先日、とある会で、かわいいお嬢さんを連れた友人夫妻と会いました。奥さんが私を「この人が、あなたを取り上げてくださった先生よ」と紹介してくれましたが、まだ3歳のお嬢さんはキョトンとしていました。

夫婦の年格好からすれば、いかにも小さいお子さんですが、とても幸せそうで心温まる光景でした。

友人は先妻に先立たれて再婚したのですが、先妻との間で子どもに恵まれず、後妻さんともなかなかできないため、焦って私のところへ相談に来ました。

「頑張っているけれど、子どもができない。前の人ともできなかったので、私に欠陥があるのだろうか？」

「あるかもね。あなた、いくつになった？　奥さんはいくつなの？」

「私は61歳になったところです。私の年のせいかな？　でも嫁さんは若いですよ、まだ40歳だもの」

「あなたには、若くてもったいないくらいのすてきな奥さんだけど、妊娠という点ではギリギリの年齢だよ」

「えぇ！　嫁さんが年ですか。信じられない！　でも、どうしても一人は子どもが欲しいから、なんとかしてください！」

こういったとやりとりの末、とにかく、早く二人の検査をしようということになりました。

結果、夫婦とも重大な異常はありませんでしたが、二人の年齢のことを考えて不妊治療に入ることになりました。最初は、人工授精（ＡＩＨ）を３周期試みましたが妊娠しなかったため、本人の希望もあり、早めに体外受精に切り替えました。

そうしたら、２回目の治療で見事、受精しました。これは高齢のカップルにとって幸運な出来事でした。

余談ですが、体外受精などの高度不妊治療は、施設によって多少の差はあれ妊娠の成功率はおおむね30％弱です。要するに、**30％の夫婦には喜んでもらえますが、70％の人の期待に沿えない**分野ですので、われわれ医療者には忸怩《じくじ》たるものがいつもあります。

いずれにしても、少しでも若いほうが妊娠率は上がりますので、早めの治療をおすすめします。

さて、奥さんは妊娠に関して本当によく勉強され、高齢妊娠で気をつけなくてはいけないこと、また行ったほうがよいことなど、的確に判断して養生されていました。妊婦健診のときはいつも友人がついて来て、二人で超音波の胎児画像を見ながら成長ぶりに嬉々としていて、「彼にこんな一面があったのか」と私も微笑ましい気持ちになりました。

それでも妊娠後期に軽い妊娠高血圧症にかかり、高年ということもあり大事をとって入院安静治療としました。高齢初産で、妊娠高血圧症になっているので、早めの帝王切開をすすめたのですが、**「できるだけ経腟分娩を経験したい」という希望があり、**陣痛を待つことにしました。

しかし、安静にしているためなかなか陣痛が来ません。彼女より私のほうが焦っていたくらいでしたが、やっと陣痛が始まって分娩開始となりました。

ここからが大事なのです。**私たち医療者も感銘を受けたのは、彼女のお産に対する姿勢でした。**

高齢初産のためだと思いますが、やはりなかなか分娩が進行しません。こんなとき、若い人であれば早い段階で「もう我慢できない。お腹を切って」と騒ぎ出すところですが、彼女は私や助産師の説明を十分に理解して、「**赤ちゃんが元気なうちは耐える**」と言って、歯を食い縛って頑張りました。

そして48時間ほどの忍耐と努力の末、見事2800gの女児を娩出したのです。

彼女の分娩に対する真っ向からの挑戦、高齢による難産を承知の上で冷静に対峙された真摯な対応に、私は久しぶりに感動を覚えました。齢を重ねていたからこそできたことかもしれません。

無邪気にはしゃいでいるお嬢さんを見ながら、私は3年前のあの感動的なお産を思い出して、「高齢出産も悪くないな」と勝手なことを考えていました。

これも余談ですが、虐待防止委員会で、「母親の年齢が24歳以下だと25歳以上よりも虐待率が高い」というデータが出ていました。

10代ならともかく24歳でもこんなことでは、「若いうちに産め！　産め！」とあまり言えなくなってしまいます。困ったものです。

Column

コラム③
少子化対策は不十分

「女手一つで子どもを育てた」という言葉が、今なお使われています。言外には、「非常に困難なことを成し遂げた」という意味が含まれているのだと思います。

この言葉が使われているようでは、少子化は防げないでしょう。要するに、シングルマザーでも子ども3人くらいは苦労なく育てられる社会にしなければ、多産は望めないだろうと思います。

ヨーロッパ、特にフランスは30年ほど前からこの事実に気づいて、出産、育児に対する優遇政策を取りました。

出産費用の国による全額負担はもちろん、出産数や年齢に応じた出産支度金、シングルマザー支援家族手当などが支給され、その上で成人するまでの養育費も出ます。

それも、3人目を手厚くしています。**子どもが3人いたら、シングルマザーでもそこ**

そこ暮らしていけるようになっているため、本制度が運用開始となると、さすがに子どもを産む人が増えました。

一方、日本はどうでしょうか。日本政府も少子化の現状は社会経済の根幹を揺るがしかねない危機的な状況だと指摘し、「少子化社会対策大綱」という案を発表しました。しかしながら、いずれも自治体や企業への努力喚起にとどまり、出産・育児手当金などの具体的な支援数値はいつまで経っても示されませんでした。

その後、２００９年にやっと出産育児一時金が創設されて、直接的な出産補助金制度ができました。最初は38万円でしたが、今（２０２４年９月時点）では50万円まで上がっています。

しかし、この額も分娩費用には足りません。ちなみに当院でも、分娩費用は60万円以上かかりますので、分娩費の補助という感じです。

これで少子化対策だといわれても十分とは感じられませんし、これくらいではほとんど効果がないだろうと思います。

Column

最近は、不妊治療が保険適用になりました。これも少子化対策の一環だと政府は宣伝していますが、非常に違和感があります。もともと子どもができにくい人の治療ですし、保険適用になったからといって急に出産が増えるとは考えられません。治療する人の数が多少は多くなるでしょうけれど、治療期間の長期化が予測されるだけで、生児獲得率は変わらないでしょう。

少子化対策としては効率が悪いものです。ただ、今や11人に一人が体外受精児という時代ではあります。

本気で少子化対策を考えるなら、若い女性が働きながら産みやすい環境を整える以外に良い策はないのではないかと思います。それには、**妊娠・出産費用の国による全額負担はもちろん成人までの育児費用も子どもの数に応じて負担すること、産休や育休を取りやすくすることも必要**です。

日本は文化的に難しいかもしれませんが、**シングルマザー、婚外子を法的にも社会的にも差別しないということも大事**になってくると思います。

2026年を目途に、出産費用の保険適用が検討されていますが、今でも正常分娩に対して出産育児一時金が保険から50万円出ていて、異常部分は保険適用になっています。正常部分をいくらに設定するかは明らかになっていませんが、仮に50万円とするならば、**自己負担分だけ産婦の費用は今より増える**ことになります。

果たして、少子化対策になるのでしょうか。保険となれば全国一律となりますので、東京と地方の格差をどうするのかなど、問題は山積しています。

厚生労働省から、2023年の人口動態調査の速報が出ました。出生数は75万8631人だそうです。前年の出生数は79万9728人でしたから、4万1097人減です。コロナ禍が落ち着き、少しは増加して80万人台に戻るのではないかとの期待もありましたが、現実は厳しいものとなりました。このままいくと、2024年は70万人台も割ってしまうかもしれません。事実、2024年1月の出生数は6万1074人で、前年1月の6万4052人より2978人減（対前年比95％）です。

政府は少子化対策として「異次元の政策を取る」と宣言していましたが、言うだけで一向に投資はされず、効果は出なかったと言っても過言ではないでしょう。「合計特殊出生率2・0を目指す」とも言っていましたが、**産む年代の母数が減ってしまったので、**

Column

2・0では人口は増えません。

それこそ、少子化対策以前に少母化対策をしなければなりませんでしたが、人間は1年や2年では子どもを産める大人になれませんので、もう手遅れです。

一方、2023年の死亡者数は159万503人で83万1872人の自然人口減となりました。死亡者数は前年より8470人増えましたので、人口減の数としては4万9567人増となったわけです。

2023年の日本人の総人口はおよそ1億2435万2000人で、前年より59万5000人減り、0・48％の減少となりました。

今や、出生数だけでなく人口減少も続いています。人口ピラミッドは理想型の釣り鐘状とは程遠く、花瓶のように尻つぼみになっています。このまましぼんでいくと、花瓶ごと転んでしまいそうで心配です。

人口減少を止めたいのなら、今のところ女性しか子どもを産めませんので、1人の女性に3人以上子どもを産んでもらい、その子たちが成人するまでは、シングルマザーでも経済的にも社会的にも不安なく暮らせるような環境を作ることに尽きると思います。

このことについて、私は30年も前からさまざまな場において言い続けてきましたが、メディアなどにも取り上げてもらえず残念です。**人口減少をストップさせるための施策は、軍事予算はもちろん、高齢者関連予算よりも少ない額でできること**だと思います。

一方で北欧のように、人口が億未満で、経済大国でもないのに、国民の生活満足度の高い国もあります。人口増に躍起にならず、国民の生活満足度を向上するために予算を割く手もあるかもしれません。

しかし、これも年齢別人口分布が安定していて、人口ピラミッドが釣り鐘状にならなければ、すなわち出生数が微増でもしていなければ、成り立たない政策かもしれません。

◆図11　年齢別人口分布図

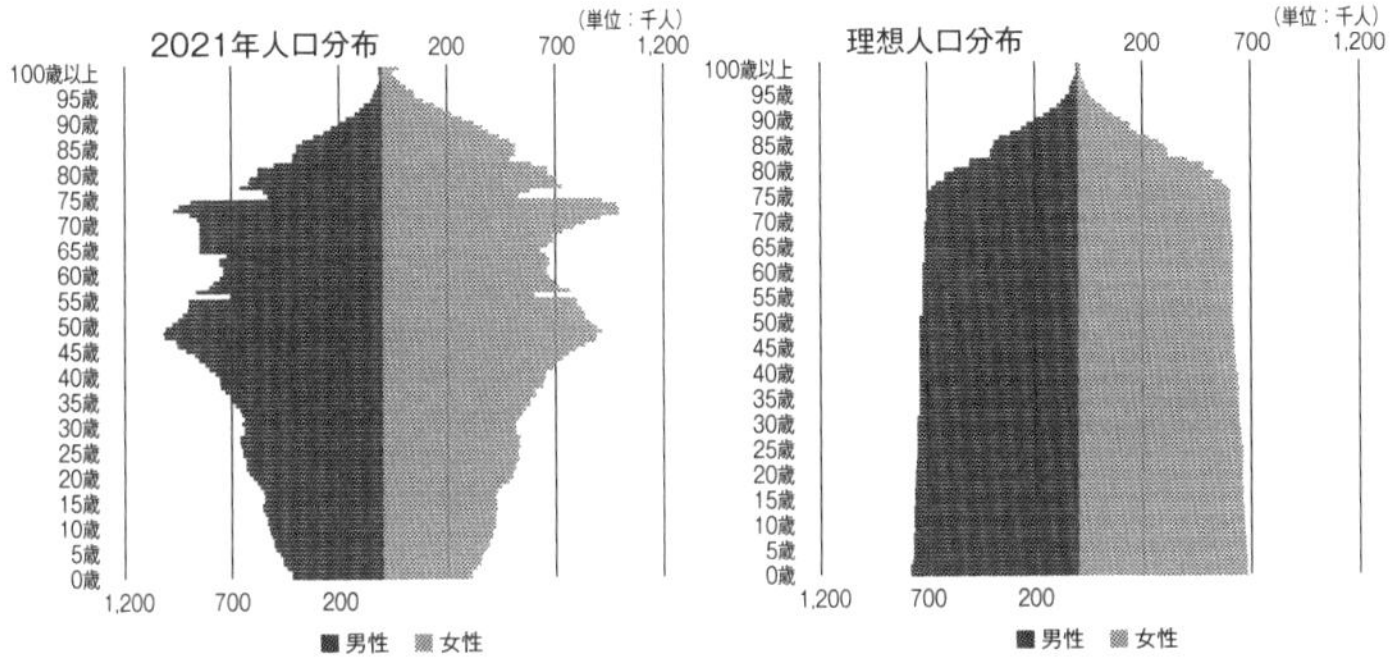

※総務省統計局「人口推計」等を基に作図

上のグラフは年齢別人口分布図ですが、右が理想の年齢別人口分布で釣り鐘型をしています。左は2021年の人口分布ですが第１次、第２次ベビーブームの世代が膨れているのは良いとして、下の方が花瓶のように逆台形になって尻つぼみです。このいびつな形がバランスの良い生産年齢を保つ釣り鐘型になるには何十年もかかります。のんびりしていられないのです。

おわりに

世の中には妊娠・出産の情報があふれています。しかし残念ながら、間違っているものや変に誇張されているものも少なくありません。

そこで、巷にあふれているさまざまな情報に対して、あるいは妊婦さんが病院での診察中には聞きにくいが、ぜひ知りたいと思われていることに対して、私なりの見解を医学的根拠に基づいて示してみました。

一つずつ答えながら思ったことは、一見すると他愛もない話のように聞こえるようなことも、**深追いすると意外と的を射ているものもある**ということでした。そのため、一応はQ＆Aの形式にしましたが、単純にYes／Noとはっきり言えない質問も多々ありました。

特に、初めての妊娠となるとわからないことばかりでしょうから雑誌やインターネットを駆使していろいろと情報収集される人は多いことと思います。得た情報によっては、不安をあおられるだけで、どう対処すればいいのかわからないといったことにもなるでしょう。

しかし、本章でも何度か述べた通り、妊婦さんの体や胎児のことを思うと、妊娠期はなるべくリラックスした日々を送ることが理想です。そういった状態になってもらうべく、一つひとつの事柄に対して、わかりやすさを心がけつつ医学的な根拠を明示することで、なるべく不安を取り除くことのできるようにしたつもりです。

コラムのページでは、現在の日本の人口問題や母乳至上主義に対する私の持論を少し述べさせていただきました。ホッと一息つくような話題ではなくなってしまいましたが、皆さまのご意見を賜れれば幸いです。

妊娠・出産は、現在でも決して安易なことではありません。しかし、基本的な注意点を守って謙虚に向き合えば、それほど心配なものではありません。

お子さんを得る喜びは何物にも代え難いものです。希望と勇気を持ってぜひ妊活に臨んでください。

本書がその際に少しでもお役に立てば、望外の喜びです。

2024年9月吉日

星ヶ丘マタニティ病院 理事長　近藤 東臣

近藤東臣（こんどう・はるおみ）

医療法人 東恵会 星ヶ丘マタニティ病院 理事長

1940年名古屋市生まれ。医学博士。1966年岐阜大学医学部卒業。1971年名古屋市立大学 大学院医学研究科・医学部卒業。1978年星ヶ丘マタニティ病院を開設し、院長となる。2006年より医療法人東恵会理事長就任。妊産婦の想いを第一に「安全で快適な分娩」を追求し、小児科や内科、心療内科、歯科の開設、生殖医療への取り組みなど、ニーズに応じた数々の改革を実行してきた。

2005年には母子保健、家族計画に対する功績により、厚生労働大臣賞受賞。2012〜2016年には愛知県産婦人科医会会長を歴任。2017年より日本産婦人科医会 名誉会員。

産《さん》科《か》医《い》歴《れき》50年《ねん》のプロフェッショナルが教《おし》える 妊娠《にんしん》・出産《しゅっさん》のホント【最新版《さいしんばん》】

2024年12月12日　第1刷発行

著者　近藤東臣《こんどうはるおみ》

発行者　寺田俊治

発行所　株式会社 日刊現代
東京都中央区新川1-3-17　新川三幸ビル
郵便番号　104-8007
電話　03-5244-9620

発売所　株式会社 講談社
東京都文京区音羽2-12-21
郵便番号　112-8001
電話　03-5395-5817

印刷所／製本所　中央精版印刷株式会社

表紙・本文デザイン　林陽子（Sparrow Design）
編集協力　ブランクエスト

C0036

ISBN978-4-06-537993-6